맛을 아는 여우들의
주말요리

중앙books
JoongAng Ilbo

그대를 그리며 맛을 그리다

음식에는 저마다의 추억과 향수가 함께합니다. 자장떡볶이, 와인삼겹살, 김절임, 마파두부, 닭개장, 오키나와 삼겹살, 북경오리구이…. 모든 사람들에게 그렇듯 제가 그려낸 이 모든 요리에도 사랑, 추억, 아픔, 그리움, 그리고 기쁨이 어우러져 있습니다.

저는 아귀찜이라는 음식을 마주하게 되면 제 아버지를 가장 먼저 떠올리게 됩니다. 어렸을 적 아버지께서는 건강이 그다지 좋지 않으셨습니다. 조금이라도 맵거나 짠 음식을 드시는 날에는 하루 종일 배를 움켜쥐고 통증을 견디셔야 할 정도였어요. 그래서 언제나 아버지의 밥상에는 밍밍한 채소만 가득했습니다.
그런데 아버지는 유독 식탐이 많았던 저를 위해 일찍 퇴근하시는 날이나 주말이면 어김없이 저를 데리고 나가 맛으로 유명하다는 식당들을 찾아다니시며 다양한 음식들을 사주시고는 하셨습니다.
제가 초등학교 5학년이던 어느 일요일 오후, 저는 여느 때처럼 아버지의 손을 꼭 잡고 한 아귀찜 집을 찾았습니다. 아버지는 문득 아귀찜을 맛있게 먹고 있던 저에게 맛이 좋으냐는 한 마디를 건네셨습니다. 땀을 뻘뻘 흘리며 먹는 데 바빴던 저는 고개를 크게 끄덕이며 한번 들어보시라고 고춧가루 양념으로 범벅된 아귀 하나를 아버지 밥 위에 덥석 얹어 드렸습니다. 밥 위에 있던 아귀를 조심스럽게 맛보시던 아버지께서는 그만 접시에 놓여 있던 아귀까지 잡수시게 되었고, 그날 밤 밤새도록 배를 움켜쥐시고 이불 속에서 그 고통을 감당하셔야 했습니다. 몇 년이 지나 아버지께서는 대수술 끝에 마침내 건강을 회복하셨고, 다행히도 지금은 매운 아귀찜을 열심히 즐겨 드시고 계십니다. 하지만 아픔을 낮은 목소리로 토해내시던 땀에 젖은 아버지의 모습을 저는 아직도 악몽처럼 생생히 기억하고 있습니다.

대만 영화 〈음식남녀〉에는 둘째 딸 가천이 암스테르담으로 떠나기 전에 그녀의 아버지를 위해 만찬을 준비하는 장면이 있습니다. 여기서 아버지 주사부는 가천이 만든 수프를 맛보며 잃어버린 미각을 찾게 되는데, 이 영화 속의 가천이 요리사인 아버지의 잃어버린 미각을 찾게 해준 것처럼 저도 아버지께 잃어버린 삶의 맛을 찾아드리고 싶다는 큰 바람을 하나 갖게 되었습니다. 서툰 손길로나마 제가 차린 식탁 위에 아버지가 주신 그 엄청난 사랑과 이해, 그리고 힘겨우셨겠지만 자랑스럽게 살아오신 아버지의 인생을 훌륭하게 그려보고 싶습니다. 당신의 삶이 비록 고되고 힘드셨겠지만 그 누구보다 찬란하게 살아오셨고, 또 저와 제 가족들에게 얼마나 아름다운 세상을 선물해주셨는지를 고스란히 담아내어 맛보여드리고 싶습니다.

제가 작가가 되길 내심 바라셨던 아버지께 작게나마 그 소원을 들어드릴 수 있도록 도와주신 중앙북스 출판사 여러분과 제 부족한 요리가 세상에 빛을 발할 수 있도록 응원해주신 싸이월드 페이퍼 독자 여러분께 감사의 마음을 전합니다. 마지막으로 제가 이 책을 통해 그려낸 요리들 중 독자 여러분 저마다의 손끝을 거쳐 마음속 깊이 소중하게 간직될 수 있는 메뉴가 있었으면 하는 바람도 가져봅니다. 모든 요리에는 요리하는 사람들의 마음이 깃들기 마련이고, 그 요리를 먹는 사람들의 추억이 함께하기에 세상에 존재하는 모든 음식이 각기 다른 모습으로 각자의 삶을 담아내는 앨범과도 같은 모습을 하고 있는 것은 아닌가 하는 생각을 하게 됩니다.

낭만식객 권민경
(paper.cyworld.com/delilove77)

머리말 | 그대를 그리며 맛을 그리다 … 02
발칙한 메뉴표 계량법 … 08

Part 01
주말의 산뜻한 여유, 산뜻한 브런치

잠자는 미각을 깨우는 **새우 차우더수프** … 14
뉴욕식 아침 메뉴 **에그 베네딕트** … 16
동남아식 닭꼬치구이 **치킨 사테** … 18
파리 시내를 누비는 그 맛 **햄&치즈&버섯 크레페** … 20
고소함이 아름 가득 **새우 죽** … 22
이탈리아의 정서에 녹아든다 **감자 케이크** … 24
치즈가 앙~ 또띠아&피자 샌드위치 **퀘사디아** … 26
사과 향이 녹아내리다 **사과&치즈 토스트** … 28
이국적인 주전부리, 바삭바삭 **베이글 칩스** … 29
스낵처럼 즐기는 앙큼한 **미니 피자** … 30
매콤달콤 발칙한 맛 **핫윙** … 32

Part 02
좋은 사람들과 함께라서 더욱 즐거운 초대요리

북경 요리의 지존 **북경오리구이** … 36
바삭함이 즐겁다 **차이니스 비프스낵** … 38
앙큼함이 남다르다 **키예프** … 40
제대로 썰어볼까? **버터 스테이크** … 42
얼큰한 한판 승부 **라조기** … 45
맥주를 넣어 더 바삭한 **피시&칩스** … 48
퓨전 중화요리의 첫걸음 **새우양상추쌈** … 50
새우도 화나면 맵다 **칠리새우** … 52
스페인식 철판해물볶음밥 **파엘라** … 54
소박한 유럽식 밥상 **코티지파이** … 57
홍콩에서 온 얼큰한 밥도둑 **완차이 홍합볶음** … 60
간단한 레시피, 깊이 있는 맛 **새우오븐구이** … 62
김치의 로맨틱 세레나데 **김치라자냐** … 64
환상적인 태국의 맛 **팟타이** … 67
내 안의 작은 유럽 **소시지&매시포테이토** … 70
중국인이 사랑하는 서민 메뉴 **차슈덮밥** … 72
넌 내 꼬얏! **데리야끼 연어조림** … 74
기본에 충실해 **카르보나라 스파게티** … 76
바다를 담은 스파게티 **게살 스파게티** … 78
스페인에서 온 얼큰한 밥 **치킨&초리조소시지밥** … 81
넌 왜 그렇게 생겼니? **주꾸미볶음** … 84
화끈하게 붙어보자고! **아귀찜** … 86
돼지가 와인에 빠진 날 **와인삼겹살** … 89
매운맛 좀 봐라~ **후끈후끈 오삼찜** … 90

세상에서 가장 달콤한 맛의 속삭임, 디저트

- 든든한 티타임 **오트밀쿠키** … 94
- 프리티함의 극치 **베리베리 티라미수케이크** … 96
- 놀이공원의 단골 스낵 **추로스** … 100
- 단아한 디저트 **녹차젤리** … 102
- 이보다 더 촉촉할 수 없다 **라즈베리 롤케이크** … 104
- 꼬불꼬불 퓨전 한과 **라면강정** … 108
- 앙큼한 딸기가 쏘옥~ **쑥찹쌀떡** … 110
- 한 떨기 꽃이고 싶어라 **꽃약과** … 112
- 그대를 향한 내 마음 **생크림&요거트 케이크** … 114
- 사과꽃 향기 **애플타르트** … 117
- 미녀는 녹차를 좋아해~ **녹차아이스크림** … 120
- 뿌리칠 수 없는 부드러운 유혹 **생크림 스콘** … 122
- 인생은 아름다워 **크랜베리 쇼트브레드** … 124

입맛을 사로잡는 어린이간식

- 거부할 수 없는 맛 **데리야끼 치킨** … 128
- 가끔은 동심으로 **스낵전** … 130
- 떡볶이 세계의 맛깔 나는 파란 **닭떡볶이** … 132
- 부드러운 치즈가 사르르~ **수플리** … 134
- 어린 시절에 맛보았던 퓨전 군것질 **자장떡볶이** … 136
- 재료가 친절해요 **콜라닭** … 138
- 미소 속에 빠진 **주먹밥구이** … 140
- 새콤달콤함으로 입맛 당기는 **녹차국수 샐러드** … 142
- 통통함이 매력이다 **토마토&베이컨 피자** … 144
- 누룽지 비교! **중화풍 해물라면탕** … 146
- 탱글탱글한 육질이여, 날아라! **돈가스** … 148
- 김치의 찬란한 변신 **김치버거** … 150
- 부드러운 태국의 맛 **그린치킨커리** … 152

정성이 담뿍 담긴 다소곳한 어른접대 요리

부들부들 럭셔리한 맛 **오키나와 삼겹살** … 156
아름다운 마음에서 우러난 깊은 맛 **마파두부** … 159
채소의 품에 안기다 **채소돌솥밥** … 162
부드러움을 만난다 **갈비찜** … 164
조화로움의 미학 **탕평채** … 166
미소가 드리운 **미소 샐러드** … 168
부드러운 감동 **단호박죽** … 170
실크보다 부드러운 맛 **일본식 달걀찜** … 172

피자는 진화한다 **쑥해물 피자** … 174
세상의 찬란함을 담았다 **치라시스시** … 177
시원한 세상을 만나다 **냉녹차국수** … 180
몸에 좋은 **매실우동** … 182
부드러움에 녹아내리다 **단팥죽** … 184
향기로운 바다를 만난다 **굴국밥** … 186
마음 가득 **녹두전** … 188

든든한 평일 밑반찬 & 매일 보글보글 끓이는 국찌개

주말에 준비하는 든든한 평일 밑반찬

정갈함의 결정체 **김절임** … 192
칼슘이 든든 **멸치고추장조림** … 193
가지가지한다 **가지구이** … 194
먹고 싶었다 **병어 무조림** … 196
호로로~ **중국식 오이김치** … 198
그리운 어머니 **무청지짐** … 199
국물까지 완벽한 메뉴 **닭장조림** … 200
오징어가 밥상에 입성했어요 **마른오징어 무침** … 201
고등어가 쌈에 빠져 환상적인 맛 **고등어조림 김치쌈** … 202
우리 몸에 친절한 **톳나물&채소조림** … 204
부드럽게 다가온다 **불고기&감자조림** … 206

매일매일 보글보글 국&찌개

쑥갓 향이 가득 **새우미소국** … 208
숙취야, 가라! 파르르 **파국** … 209
느끼한 중국 요리에 칼칼함을 더하라 **산라탕** … 210
속 쉬~원해지는 **들깨닭개장** … 212
속 든든 마음 든든 **만둣국** … 214
겨울이 더욱 따뜻한 **사골꼬리 곰탕** … 216
세상에서 가장 맛있는 소리 **뽁작된장** … 218
기본인데 은근히 어렵다! **쇠고기무국** … 220

발칙표 쿠킹 노하우

 책속부록

발칙한 메뉴가 드리는 허브&향신료 이야기 … 222
발칙한 메뉴가 사용하는 색다른 시판 양념소스들 … 225
발칙한 메뉴를 빛내는 야무진 조리도구들 … 228
각종 요리에 적용되는 친절한 쿠킹 팁들 … 231
홈메이드 ① 톡소리 나게 양념장 만들기 … 233
홈메이드 ② 구수한 국물 내기 … 234
홈메이드 ③ 톡소리 나게 각종 요리소스 만들기 … 236
홈메이드 ④ 톡소리 나게 샐러드 드레싱 만들기 … 238
홈메이드 ⑤ 전문점보다 더 맛있게 피자도우, 파스타면, 케이크 제누아즈 만들기 … 240
보너스 정보 이국적인 식재료는 이곳에서 구입하세요 … 243

Bonus recipe

시금치 샐러드 … 23
오트밀 스무디 … 27
로제&라즈베리 칵테일 … 28
이탈리안 토마토&바질 주스 … 29
키위&사과 스쿼시 … 31
배숙 … 161
오리엔탈 샐러드 … 176

오리엔탈 연근 샐러드 … 181
니스식 샐러드 … 63
껍질콩무침 … 75
샨디 … 80
라이스버거 … 129
일본식 코울슬로 … 139
두부&토마토 샐러드 … 143

로즈마리허브티 … 99
제대로 우러난 녹차 … 103
딸기&단팥&녹차 롤케이크 … 107
잉글리시 밀크티 … 125
사골떡국 … 217
호박잎 보리쌈밥 … 219

발칙한 메뉴표 계량법

요리에 서툰 분들께서 제일 어려워하는 부분이 바로 계량법이죠. 그래서 저 나름의 계량법을 정리해보았습니다. 제가 준비한 계량법을 살펴보시기에 앞서 꼭 드리고 싶은 말씀이 있어요. 요리를 잘하는 척도는 요리정보에 나온 계량수치에 절대적으로 의존해 조리해내는 것이 아니라는 겁니다. 음식을 먹는 사람의 입맛이나 재료의 상태에 따라 재료나 양념의 분량을 유연하게 조절할 수 있는 내공이 무엇보다 중요하죠. 여러분이 그런 내공을 쌓는 데 제 계량법이 작은 도움이 되길 바랍니다.

제 계량법은 알고 보면 아주 단순해요. 손, 1회용 컵, 일반 밥숟가락, 눈대중이라는 4가지 도구로 계량을 하죠. 하지만 때때로 미세한 양의 차이를 구분하기 위해 그램(g) 단위의 양을 괄호 안에 표기한 경우가 있는데, 그 재료는 가급적 그 양을 지켜 써주어야 원하는 맛을 즐길 수 있다는 것을 의미하니 참고하세요.

1회용 컵으로 계량하기

1/2컵

1컵

액체류의 경우 1회용 컵을 가득 채우면 200ml가 돼요. 하지만 가루류는 그보다 적은 양이죠. 계량컵을 이용하시는 분도 1회용 컵을 이용하시는 분도 모두 편리하도록 분량을 정확히 표기했어요. 기억하실 것이 있어요. 1회용 컵으로 계량하실 때는 컵의 특성상 바닥으로 갈수록 폭이 좁아져 1/2컵은 절반의 양에서 조금 더 많이 넣은 양이랍니다. 그리고 계량할 때는 평평한 바닥에 컵을 놓고 눈높이를 맞춰 확인하세요.

컵 계량표

	1컵	1/2컵
액체 (물, 간장, 식초, 오일, 맛술 등)	200ml	100ml
가루류 (밀가루, 쌀가루, 녹말 등)	110g	55g
설탕	160g	80g
빵가루	45g	23g
건과류	110g	55g
견과류	100g	50g
치즈류	80g	40g

숟가락으로 계량하기

이 책의 요리들은 집에서 흔히 볼 수 있는 밥숟가락으로 계량을 하고, 그 단위를 '스푼'으로 표현했답니다. 참고로, 계량스푼으로 1스푼(Ts)은 밥숟가락으로 환산하면 1.5밥숟가락에 해당되고, 계량스푼의 1티스푼(ts)은 0.5밥숟가락에 해당됩니다. 계량스푼을 이용할 시에는 이 차이를 유념해주시고, 표면을 편편하게 깎아서 계량하세요.

1.5스푼

1스푼

0.7스푼

0.5스푼

0.3스푼

밥숟가락 계량표

	1.5스푼	1스푼	0.7스푼	0.5스푼	0.3스푼
액체&장류&소금	15ml	10ml	7ml	5ml	3ml
가루류	9g	6g	4.5g	3g	2g
설탕	12g	8g	5.5g	4g	2.5g

손으로 계량하기

음식의 맛은 손맛에서 나온다고 하죠? 손의 크기가 사람마다 달라 손으로 하는 계량은 정확하지는 않지만 양을 가늠하시기에는 손만한 것도 없어요.

1줌
재료를 쥐었을 때 엄지손가락 첫마디에 검지손가락 끝이 닿는 정도

1/2줌
재료를 쥐었을 때 엄지손가락 뿌리 부분에 검지손가락이 닿는 정도

면류&줄기채소의 손 계량표

	1줌	1/2줌
스파게티	200g	100g
일반 국수	140g	70g
메밀국수	200g	100g
줄기채소	110g	55g

1큰줌
손에 수북히 쌓이게 쥘 정도

1/2줌
살짝 주먹을 쥐듯 재료를 감싸 잡을 정도

1줌
엄지와 가운뎃 손가락 끝이 서로 맞닿게 쥘 정도

약간
엄지손가락과 검지손가락의 손끝을 맞닿아 살짝 집는 정도

1작은줌
엄지손가락과 검지손가락 끝이 서로 맞닿게 쥘 정도

그 외 재료들의 손 계량표

	1큰줌	1줌	1작은줌	1/2줌	약간
채 썬 당근, 무	110g	75g	60g	35g	20g
생선·고기류	220g	160g	120g	80g	50g
갈은 치즈	90g	70g	50g	35g	20g
잎채소나 허브	50g	40g	30g	20g	15g
숙주, 콩나물	100g	80g	70g	40g	25g

눈대중으로 계량하기 (100g 기준)

눈으로 봤을 때 100g은 이 정도 크기겠다 싶은 것들을 모아봤어요. 이 계량은 재료의 크기에 따라 조금씩 달라질 수 있어요.

감자
주먹만한 크기의 감자 1/2개

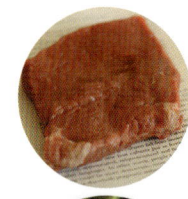
쇠고기
두께 2cm에 손바닥 크기 정도

당근
지름 약 3.5cm에 길이 10cm 정도

시금치
1/3단

두부
1/4모

양송이버섯
튼실한 것 5~6개

방울토마토
8~10개

양파
지름 7cm 정도의 것 1/2개

배추
1/8포기

토마토
지름 8cm 정도의 것 1/2개

브로콜리
지름 5cm 되는 것 5~6덩어리

파
길이 21cm 정도인 것 7대

새우
껍질과 머리를 제거한 것 5마리 정도

팽이버섯
중간 크기 1대

Part 01

주말의 산뜻한 여유, 산뜻한 브런치

아침 햇살이 이미 얼굴을 간지럽히고도
남는 시간에 길게 팔을 뻗어올리며 일어나 거울을 보는 순간.
이때의 여유로움은 그 어떤 행복과도 비교할 수 없어요.
커튼을 활짝 젖혀 따사로운 햇살로 온몸을 샤워하고
간단한 브런치 메뉴로 당신의 입맛을 깨워보세요.
주말 아침 11시에 누리는 이 여유는 주중에 열심히 일한
당신에게 주어지는 작은 선물이랍니다.

01

탱글탱글한 새우살과 부드럽고도 든든한 채소&안초비 차우더수프의 힘찬 하모니~. 까칠한 세상아, 덤벼랏!

잠자는 미각을 깨우는 새우 차우더수프

재료 2인분

새우 10마리, 올리브오일 3스푼, 베이컨 2장, 양파 1/2개, 셀러리 2대, 마늘 2쪽, 안초비 12~13개, 당근 1/2개, 감자 1개, 물 1컵, 우유 1컵, 치킨스톡 1스푼, 생크림 7스푼, 다진 파슬리 1.5스푼, 소금·후춧가루 약간씩

새우 양념 마늘 3쪽, 붉은 고추 1개, 파슬리 2스푼, 올리브오일 1스푼

1
분량의 새우 양념 재료를 믹서로 갈아서 미리 손질한 새우에 넣고 버무린 다음 3~4시간 이상 냉장고에 넣어두어요.

새우 손질법은 232쪽에 자세히 설명되어 있어요.

2
냄비에 올리브오일(2스푼)을 두르고 다진 베이컨, 다진 양파, 송송 썬 셀러리, 얇게 편 썬 마늘을 넣고 중불에서 2분간 볶다가 불을 낮추고 뚜껑을 덮어 5분간 조려요. 이때 채소나 베이컨이 타지 않도록 이따금 저으세요.

3
잘게 썬 안초비, 사방 1cm로 깍둑 썬 당근과 감자를 넣고 2분간 더 볶아요.

4
분량의 물과 우유, 치킨스톡을 넣고 센 불에서 끓여요. 국물이 보글보글 끓어오르면 중불로 낮춘 뒤 뚜껑을 닫고 모든 재료가 부드럽게 익을 때까지 끓여요.

5
채소가 익으면 불에서 내려 믹서에 넣고 곱게 갈아 냄비에 다시 부어요. 생크림과 다진 파슬리를 넣고 소금과 후춧가루로 간한 뒤 따뜻하게 보관하세요.

6
팬에 남은 올리브오일(1스푼)을 두르고 예열한 뒤 양념이 잘 밴 새우를 넣고 앞뒤로 고루 구우세요. 그릇 가운데에 잘 익은 새우를 쌓아올리고 그 주변으로 국자로 수프를 떠 보기 좋게 담아서 내요.

02

몽실몽실한 달걀,
터질 듯
부드러운 감촉,
그리고 입 안에 감기는
홀랜다이즈소스의
찬란한 속삭임에
두 눈이 절로 감겨요.

뉴욕식 아침 메뉴
에그 베네딕트

재료 2인분

데친 달걀 2개(231쪽 참조), 슬라이스한 햄 2장, 잉글리시 머핀 1개 또는 가장자리를 잘라낸 두꺼운 식빵 2장, 카옌페퍼 또는 다진 차이브잎 약간
홀랜다이즈소스 버터 12.5스푼(125g), 화이트와인식초 0.2스푼, 달걀노른자 2개분, 레몬즙 0.3스푼, 소금 약간

1
버터를 냄비에 넣고 약불에서 뭉근하게 녹여요. 버터가 녹으면서 생기는 작고 하얀 알갱이들은 수저로 걷어내고, 버터가 다 녹으면 따뜻하게 보관하세요.

2
스테인리스 그릇에 달걀노른자, 화이트와인식초, 소금을 약간 넣고 손끝에 물을 묻혀 살짝 뿌려준 뒤 3~4분간 거품기로 휘저어요.

3
큰 냄비에 물을 넉넉히 붓고 낮은 불에서 끓여요. 물이 끓으면 ②를 그릇째 끓는 물에 얹어 혼합물의 색이 뽀얘지고 걸쭉해질 때까지 (3~5분) 부지런히 저어가며 중탕을 해요.

4
중탕하던 그릇을 꺼내 보관해두었던 따뜻한 버터에 조금씩 부어가며 거품기로 저어요.

조금씩~ 조금씩~ 넣으세요.

5
맛을 보아 싱거우면 소금으로 간하고, 분량의 레몬즙을 넣으면 홀랜다이즈소스가 완성돼요!

6
잉글리시 머핀이나 식빵을 살짝 구워요. 데쳐서 물기를 뺀 햄과 데친 달걀을 빵의 한쪽 면에 올리고 홀랜다이즈소스를 원하는 만큼 끼얹어요. 각자의 구미에 맞게 카옌페퍼나 다진 차이브잎을 뿌려 드세요.

03

동남아식 땅콩소스 사타이는
세계인들이 열광하는
글로벌 인기 메뉴 중의
하나랍니다.
동남아의 이국적인 정서를
혀끝으로 느껴보세요.

동남아식 닭 꼬치구이,
치킨 사테

 **재료 4인분**

닭고기(가슴살) 450g, 레몬 또는 라임 1개
닭고기양념 식용유 1스푼, 간장 1큰술, 타마린드 페이스트 1티스푼, 다진 레몬그라스 1큰술, 다진 마늘 1/2티스푼, 코리엔더가루 1/2티스푼, 커민 1/2티스푼, 라임즙 또는 레몬즙 1티스푼, 흑설탕 2/3티스푼
땅콩소스 땅콩버터 2스푼, 코코넛 크림 3/4컵, 태국 레드커리 페이스트 1큰술, 피시소스 1스푼, 흑설탕 1스푼

1 나무꼬챙이 20~25개를 준비해 1시간 이상 물에 담가두어요.

2 닭고기 양념 재료를 믹서에 넣고 갈아요. 닭고기는 적당한 두께로 길게 잘라 양념에 버무린 다음 1시간 이상 재워요.

4 땅콩소스 재료를 작은 냄비에 넣고 약불에 올려 걸쭉해질 때까지 저어가며 조려요. 닭꼬치구이를 먹을 때 레몬 혹은 라임과 함께 내요.

3 양념이 고루 밴 닭고기는 나무꼬챙이에 가지런히 끼워요. 오븐트레이에 알루미늄포일을 깔고 닭꼬치를 가지런히 올린 뒤 예열된 그릴에 넣어 앞뒤로 뒤집어가며 각각 3~5분간 구워요.

04
파리 시내를 누비는 그 맛
햄&치즈&버섯 크레페

여자라면 한 번쯤은
파리를 꿈꾸죠.
이 크레페는
파리 골목 구석구석을
누비는 듯한 햇살 같은
기운이 입 안에서 눈부시게
녹아내리는 찬란한
맛이랍니다. 오늘 저와 함께
혀끝에서 맛있는 파리를
만나보실래요?

재료 4인분

버터 1.5스푼, 튼실한 버섯 8~9개, 생크림 2스푼, 햄 1줌(100g), 그뤼에르치즈 혹은 체다치즈 2컵(160g)
크레페 반죽 박력분 2와1/4컵(250g), 설탕 0.3스푼, 소금 약간, 달걀 2개, 우유 약 1과1/2컵(310ml), 생크림 1/2컵(100ml), 버터 2.5스푼(25g), 물 5/8컵

1 박력분, 설탕, 소금을 한데 섞어 체를 친 다음 달걀을 넣고 한 방향으로 저어요.

2 달걀과 가루류가 잘 섞이면 나머지 반죽 재료를 모두 넣고 다시 잘 섞어 크레페 반죽을 완성해요.

3 팬에 버터를 두르고 크레페 반죽을 떠 넣어 얇게 부쳐요. 반죽이 익으면 사이사이에 유산지를 끼워가며 접시에 담아두어요.

4 버섯은 얇게 편으로 썰고, 햄은 얇게 채 썰고, 치즈는 강판에 갈아요.

5 팬에 버터를 두르고 버섯을 5분간 볶다가 햄, 생크림, 치즈 순으로 넣고 계속 볶아요.

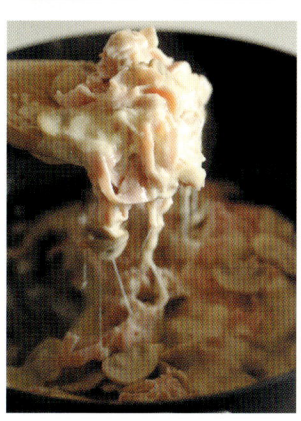

6 크레페의 한쪽 면에 ⑤의 볶은 재료를 적당량 넣고 꼬깔 모양으로 접은 뒤 180℃로 예열된 오븐에 넣어 5분간 구워서 완성하세요.

05

고소함이 아름 가득
새우죽

입맛을 잃어버린 가여운
영혼을 위해 당신의 그 고운
마음을 담아 죽을 내어보세요.
당신의 고운 마음에 그분의
미소가 방긋~!

재료 4인분

쌀 1컵, 새우(중하) 10마리, 다시마&가다랑어국물 혹은 멸치국물 6컵, 다진 파 3스푼, 달걀 2개, 소금·식초 적당량, 다진 생강 0.3스푼
새우죽 양념 진간장 2.2스푼, 맛술 1스푼, 청주 1스푼

1
냄비에 물을 넉넉히 붓고 끓이다 소금과 식초를 넣어요. 껍질을 벗긴 새우를 넣고 2~3분 삶다가 건져 잘게 다져요.

2
쌀은 맑은 물이 나올 때까지 씻은 다음 냄비에 넣고 분량의 다시마&가다랑어국물(혹은 멸치국물)을 붓고 끓여요. 국물이 끓으면 불을 낮춰 50분~1시간 정도 뭉근한 불에서 이따금씩 저어가며 끓여요.

3
새우죽 양념과 다진 새우를 넣고 10분간 더 저어가며 조려요.

4
젓가락으로 달걀을 풀어 다진 생강과 함께 ③에 넣고 고루 저은 후 불에서 내려요. 그릇에 죽을 퍼 담고 다진 파로 장식해 내세요.

Bonus recipe

새우죽과 함께 먹으면 힘이 불끈! 시금치 샐러드

재료(4인분) 시금치 2단(600g), 소금 약간, 오리엔탈 참깨소스(237쪽 참조) 적당량

소금을 약간 넣은 끓는 물에 시금치를 넣고 살짝 데쳐서 찬물에서 헹군 뒤 물기를 빼요. 김발에 데친 시금치를 얹고 김밥을 말 듯 시금치를 돌돌 말아 둥근 기둥 모양으로 뭉쳐요. 3cm 길이로 잘라 각각의 그릇에 담고 오리엔탈 참깨소스를 끼얹어 새우죽에 곁들여 드세요.

06

이탈리아 사람들의 깜찍한
발상이 돋보이는 기특한
메뉴랍니다.
처음 이 감자 케이크에 대한
이야기를 들었을 때
제 가슴은 너무 설레고,
나름 친절한 재료와
색다른 레시피에
즐거운 비명을 질렀답니다.
야호!

이탈리아의 정서에 녹아든다
감자 케이크

재료 4인분

감자 약 5개(1kg), 양파 1개, 마늘 3~5쪽, 갈은 모차렐라치즈 2와1/2컵(200g), 파머산치즈 가루 15스푼, 우유 5스푼, 버터 7.5스푼, 소금·후춧가루 약간씩, 파슬리가루 약간

> 버터요.
> 미리 냉장고에서 꺼내 실온에 두었다가 말랑말랑해지면 사용하세요.

1 감자와 양파는 껍질을 깐 뒤 얇게 슬라이스하고, 마늘은 편으로 썰어요. 양파는 넉넉한 물에 1시간가량 담가 매운 기를 뺀 뒤 건져서 물기를 빼주고요.

2 오븐을 210℃에 맞춰 예열해요. 예열이 되는 동안 지름 18~20cm의 케이크 틀이나 오븐용 냄비에 알루미늄포일을 꼼꼼하게 깔고 버터 1~2큰술을 고루 발라요.

3 남은 버터를 작은 냄비에 넣고 약불에서 녹여요. 다 녹으면 편으로 썬 마늘을 넣고 살짝 저은 다음 불에서 내려 따뜻하게 보관해요.

4 알루미늄포일을 깐 틀에 감자를 깔고 양파, ③, 모차렐라치즈, 파머산치즈가루 순으로 겹겹이 쌓아올려요. 이때 간간이 소금과 후춧가루로 간을 해요. 케이크 모양이 완성되면 분량의 우유를 끼얹어요.

5 케이크를 예열된 오븐에 넣고 노릇노릇 익을 때까지 1시간가량 구워요. 윗부분이 먼저 탈까 걱정되면 알루미늄포일을 덮어 구워요.

6 오븐에서 케이크를 꺼내 10분가량 식혔다가 틀에서 빼낸 뒤 파슬리가루를 뿌려서 완성해요.

07

치즈가 앙~, 또띠아&피자 샌드위치
퀘사디아

피자와 샌드위치의 맛을
한꺼번에 느낄 수 있는
세련된 맛이랍니다.
부드러운 치즈가 앙큼하게
들어간 이 맛!
귀차니즘에 허덕이는(?)
여러분들의 입맛을 단박에
사로잡아요.

재료 3인분

또띠아 6장, 갈은 체다치즈 2/3컵, 갈은 모차렐라치즈 2컵, 파머산 치즈가루 0.7스푼, 바질잎 1/2줌, 토마토소스 4스푼, 올리브오일 3스푼, 사워크림 혹은 과콰몰리 적당량

1. 갈은 체다치즈, 갈은 모차렐라치즈, 파머산치즈가루는 한데 섞어 혼합치즈를 준비해요.

2. 또띠아를 편편히 편 뒤 반쪽에만 토마토소스를 고루 발라요. 이 부분에 혼합치즈를 고루 뿌리고 바질잎을 적당히 올린 뒤 반으로 접어요.

3. 접은 샌드위치 앞뒤로 올리브오일을 고르게 발라요.

4. 팬에 올려서 앞뒤로 노릇노릇하게, 치즈가 녹아내릴 때까지 구워요. 먹기 좋은 크기로 잘라 내세요. 기호에 따라 사워크림이나 과콰몰리를 곁들이시면 좋아요.

Bonus recipe

하루가 든든한 오트밀 스무디

재료(1인분) 플레인 요거트 3스푼, 꿀 1스푼, 오트밀 3스푼, 바나나 1개, 얼음 5조각, 우유 1과1/4컵, 좋아하는 견과류 약간

분량의 재료들을 믹서에 넣고 갈아서 식성에 맞는 견과류를 살짝 곁들여 완성합니다. 따뜻한 퀘사디아에 건강에 좋은 오트밀 스무디 한 잔으로 하루를 든든하고 산뜻하게 시작하세요!

08

사과 향이 녹아내리다
사과&치즈 토스트

부드럽게 녹아내린 고소한 치즈와 상큼한 사과의 야릇한 만남! 바삭하게 구워진 토스트 위의 맛깔 나는 축복을 만끽하세요.

재료 2인분

호밀빵 4장(1.2~1.5cm 두께), 체다치즈 1줌, 고르곤졸라치즈 1.5스푼, 사과 2/3개, 굵은 후춧가루 약간

1 사과와 체다치즈는 얇게 슬라이스하고, 고르곤졸라치즈는 잘게 뜯어 한데 넣고 고루 섞어요. 이때 체다치즈는 사과보다 더 얇게 슬라이스해주세요.

2 호밀빵을 아주 살짝 구워 한쪽 면에 ①을 적당량 올려 그릴이나 오븐에 넣고 구워요. 치즈가 먹음직스럽게 흘러내리면 꺼내 식성에 따라 굵은 후춧가루를 뿌려서 드세요.

Bonus recipe

핑크빛 찬란한 유혹, 로제&라즈베리 칵테일

재료 라즈베리 4~5개, 로제와 레모네이드 혹은 사이다는 1:1 비율로 준비

로제는 가벼운 브런치에 아주 좋은 와인이에요. 로제와 레모네이드 혹은 사이다를 1:1로 섞은 뒤 싱싱한 라즈베리를 네댓 개 띄우면 완성! 만약 술에 약한 분이라면 로제의 양을 살짝 줄이고 레모네이드나 사이다의 양을 늘리세요.

09

이국적인 주전부리, 바삭바삭
베이글 칩스

지중해의 풍요로운 햇살을 가득 담은 토마토&페스토 소스와 뉴요커들의 자유분방함이 농축된 베이글과의 YO~ 발칙하고도 즐거운 만남!

재료 24장분
베이글 4개, 페스토소스 혹은 토마토소스 3/5컵, 파머산치즈가루 4~5스푼

1 베이글을 얇게 썰어서 베이킹트레이 위에 깔고 175℃로 예열된 오븐에서 15~20분간 노릇노릇하게 구워요.

노릇노릇 바삭하게~!

2 구운 베이글 위에 페스토소스(혹은 토마토소스)를 고루 펴 바른 다음 파머산치즈가루를 솔솔 뿌려요. 다시 오븐에 넣어 5분간 더 구워 내요.

Bonus recipe

**상쾌한 바질 향이 온몸에 전해진다,
이탈리안 토마토&바질 주스**

재료(1인분) 잘 익은 큰 토마토 1개, 오렌지 1개, 싱싱한 바질잎 5장, 올리브오일 1스푼

껍질을 벗긴 토마토(232쪽 참조)는 씨를 제거한 뒤 깍둑 썰고, 오렌지는 즙을 내요. 여기에 싱싱한 바질잎과 올리브오일을 믹서에 한데 넣고 곱게 가세요. 후춧가루를 살짝 뿌려 마셔도 맛있어요.

10

스낵처럼 즐기는 앙콤한
미니 피자

크기를 바꾸면 피자도 가벼운
스낵 메뉴가 될 수 있답니다.
카나페처럼 즐기는
미니 피자의 넉넉한 여유를
가볍게 만끽하세요.

재료 4~6인분

피자 반죽(240쪽 참조) 2/3개, 다진 모차렐라치즈 3과3/4컵(300g), 옥수수가루 약간, 올리브오일 3~4스푼
토마토&올리브 토핑 블랙올리브 2컵, 토마토 2개, 다진 마늘 0.3스푼, 얇게 채 썬 바질잎 5~6스푼, 올리브오일 3스푼, 소금·후춧가루 약간씩
로즈마리&마늘 토핑 잘게 다진 로즈마리 1.5스푼, 마늘 7쪽, 파머산치즈가루 7~8스푼, 올리브오일 2스푼

1
껍질을 벗기지 않고 잘게 다진 토마토와 블랙올리브, 다진 마늘, 채 썬 바질잎, 올리브오일을 한데 넣어 조물조물 버무리고 소금과 후춧가루로 간을 해 토마토&올리브 토핑을 준비해요.

2
잘게 썬 로즈마리, 얇게 편 썬 마늘, 파머산치즈가루, 올리브오일을 한데 넣어 숟가락으로 잘 섞어 로즈마리&마늘 토핑을 준비해요.

3
피자 반죽은 고르게 밀어서 컵이나 쿠키 틀 같은 동그란 물건으로 모양을 찍어내 미니 피자도우를 만들어요. 옥수수가루를 살짝 뿌린 유산지 위에 띄엄띄엄 피자도우를 얹은 뒤 한쪽 면에 올리브오일을 발라요.

4
피자도우 위에 갈은 모차렐라치즈를 고르게 깔고, 숟가락으로 ①과 ②의 토핑을 골고루 얹은 다음 240℃로 예열된 오븐에서 10분 정도 노릇하게 구워요.

Bonus recipe

입 안을 상큼하게! 변비 해결까지! 키위&사과 스쿼시

재료(1인분) 키위 1개, 사과 1/2개, 레몬즙 1.5스푼, 탄산수 적당량

피자를 먹을 때는 버릇처럼 콜라를 마시게 되죠? 그런데 콜라는 우리 몸이 좋아하는 음료가 아니에요. 이제는 키위&사과 스쿼시를 드세요. 입 안에 퍼지는 상큼함이 머릿속부터 발끝까지 맑게 해줘요. 이 스쿼시는 오래 묵은 변비도 해결하는 효과가 있어요. 만드는 거 절대 어렵지 않아요. 분량의 키위, 사과, 레몬즙을 믹서에 넣고 갈아주면 뚝딱이랍니다. 기호에 따라 탄산수로 농도를 조절해 아침마다 한 잔씩 꾸준히 마셔요!

11

매콤달콤 발칙한 맛
핫윙

속살은 부드럽고 겉은
바삭하게 튀겨 매콤달콤한
스위트 칠리소스에
콕 찍어 먹으면 입 안에서
짜릿하게 녹아내려요.
세상 그 어떤 핫윙의 맛과도
바꿀 수 없는 요~ 맛!

 **재료 2~4인분**

닭날개&닭봉 각 6~7개씩(1kg), 카엔페퍼 0.2스푼, 청주 1.5스푼, 소금·후춧가루 약간씩, 튀김기름 적당량, 스위트 칠리소스 적당량
튀김반죽 튀김가루 1과1/5컵, 소금 1스푼, 설탕 1.5스푼, 카레가루 1.5스푼, 카엔페퍼 혹은 칠리파우더 0.3~0.5스푼, 시치미 0.3스푼, 녹말가루 3스푼, 후춧가루 약간
삶기 물 1.8L, 월계수잎 2~3장, 마늘 10~12쪽, 양파 1/2개, 통후추 12~15알

1
닭날개&닭봉에 양념이 잘 배게 포크로 콕콕 찔러주세요. 그런 다음에 카엔페퍼, 소금, 후춧가루로 간하고 청주를 넣고 잘 버무려 1시간가량 재워요.

2
냄비에 분량의 물을 붓고 삶기 재료를 넣고 끓여요. 물이 보글보글 끓어오르면 양념에 재운 닭날개&닭봉을 넣어요.

3
국물이 다시 끓어오르면 중불로 낮추고 닭날개&닭봉이 푹 익을 때까지 삶아요. 삶은 닭날개&닭봉을 건져서 물기를 제거해주세요.

국물은 버리지 말고 따로 보관해두었다가 다른 요리를 할때 국물로 쓰세요.

4
분량의 튀김반죽 재료들을 한데 섞은 다음에 1~2번 체를 쳐주세요.

5
삶은 닭날개&닭봉에 튀김반죽을 얇게 입혀요.

6
미리 예열된 튀김기름에 넣고 바삭하고 노릇하게 튀겨서 스위트 칠리소스에 콕 찍어 드세요.

Part 02

좋은 사람들과 함께라서 더욱 즐거운 초대요리

좋은 사람들과 어울려 즐겁게 식사를 하는 기쁨이야말로
우리 삶에서 최고의 비타민이죠. 사랑하는 사람들과 함께 식사를 한다는 것,
나아가 그 사람들을 위해 앞치마를 두르고 요리를 한다는 것 또한
언제나 설레고 즐거운 일이에요.
이번 주말, 여러분의 여우 같은 솜씨를 살짝쿵 발휘해 그들에게
'맛'이라는 감동을 선물해보시는 건 어때요?

01

북경 요리의 지존
북경오리구이

청나라 건륭황제는 수많은 산해진미 중에서 특히 북경오리구이를 즐겨 먹었다는 기록이 있어요. 그만큼 이 요리의 명성과 맛은 실로 대단하죠. 좋은 날, 북경 황실의 요리로 여러분의 식탁을 한 단계 업그레이드시키세요.

재료 2인분

오리고기(가슴살) 약 3줌(500g), 오이 1/2개, 파 흰 부분만 5대, 꿀 1.5스푼, 물 1.5스푼, 밀전병 20장
디핑소스 해선장소스 3스푼, 꿀 3스푼, 레몬즙 0.7스푼

1 끓는 물에 오리가슴살을 넣고 2~3분간 삶아요. 다 익으면 건져서 키친타월로 꾹꾹 눌러가며 물기를 닦아요.

 이렇게 하면 오리의 껍질이 탱탱해져요.

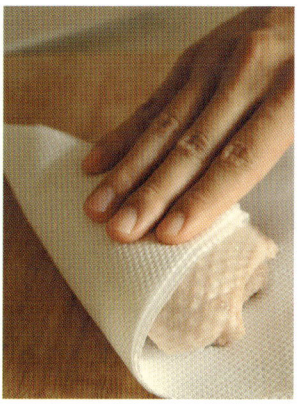

2 꿀과 물을 잘 섞어 오리고기가 식기 전에 껍질에 붓으로 발라요. 그런 다음 아무것도 덮지 않은 상태에서 냉장고에 넣어 최소 6시간에서 하룻밤 동안 재워요.

3 200℃로 예열한 오븐에서 오리가슴살의 껍질 부분을 위로 가게 놓고 40~45분간 구워요. 지속적으로 오리의 상태를 체크하다가 껍질이 탄다는 생각이 들면 알루미늄포일로 덮고 계속 구워요. 다 익으면 먹기 좋게 썰어요.

4 오이와 파는 얇게 채 썰어 준비하고, 밀전병은 찜기에 넣어 살짝 쪄요.

 오리를 통으로 구울 때에는 1시간 30분 가량 구워요

5 분량의 재료를 섞어 디핑소스를 만들어요. 따뜻한 밀전병에 구운 오리가슴살, 오이, 파, 디핑소스를 올려 싸 드세요.

02
바삭함이 즐겁다
차이니스 비프스낵

스낵에 가까울 정도로
바삭함이 살아 있는
차이니스 비프스낵.
탕수육이 슬슬 지겨워지기
시작했다면 조리법을
살짝 바꿔
차이니스 비프스낵으로
사람들의 입맛을
감동시켜보세요.

 **재료 4인분**

쇠고기 2와 1/2줌(400g), 당근 2개, 파 1대, 마늘 3쪽, 붉은 고추 2개, 달걀 2개, 녹말가루 5~6스푼, 소금 0.1스푼, 식용유 1~2스푼, 튀김기름 적당량
소스 물엿 2스푼, 설탕 4~5스푼, 식초 4.5스푼, 진간장 2스푼

1
쇠고기, 당근, 파, 마늘, 붉은 고추는 얇게 채 썰어요.

2
얇게 채 썬 쇠고기는 소금으로 간한 뒤 달걀과 녹말가루를 섞어 만든 튀김 반죽에 넣어 고루 반죽옷을 입혀요.

3
분량의 재료를 섞어 소스를 만들어요.

4

180℃의 튀김기름에 반죽옷을 입힌 쇠고기를 넣고 바삭하게 튀겨요. 얇게 채 썬 당근도 살짝 튀긴 뒤 키친타월에 올려 기름기를 빼주세요.

5

오목한 팬에 식용유를 두르고 마늘, 파, 붉은 고추를 넣고 볶아요. 매운 향이 피어오르면 준비한 소스와 튀긴 당근을 넣고 끓여요.

6

소스가 보글보글 끓으면 기름기를 뺀 튀긴 쇠고기를 넣고 고루 섞어 완성해요.

03

처음 키예프를 먹었을 때의 그 순간을 어찌 잊을 수 있을까요? 뽀얀 접시 위로 살포시 퍼져 내린 따사로운 버터의 찬란함을 어찌 잊고 살겠어요? 당신의 가슴을 활짝 열어 뜨거운 열정을 뿜어주던 그 순간처럼 이 요리를 먹을 때마다 제 가슴은 그때의 설렘으로 가득합니다.

앙큼함이 남다르다
키예프

재료 4인분

큼직한 닭가슴살 4덩이(600g), 버터 11스푼(115g), 다진 마늘 2스푼, 다진 파슬리 2스푼, 달걀 2개, 빵가루 약 3과1/3컵(150g), 밀가루 약 1컵(100g), 튀김기름 적당량, 소금·후춧가루 약간씩

1

실온에서 부드럽게 녹인 버터를 다진 파슬리, 다진 마늘과 섞은 뒤 2덩이로 나눠요. 각각 막대 모양으로 랩에 넣고 돌돌 말아서 냉장고에 넣어 굳혀요.

2

닭가슴살을 밀대 혹은 칼등이나 고기망치로 두드려 얇게 편 다음 소금과 후춧가루를 살짝 넣어 간하세요.

3

냉장고에서 굳힌 버터를 2등분한 뒤 넓게 두드려 편 4장의 닭가슴살 위에 1덩이씩 얹고 버터가 빠져나오지 않게 돌돌 말아요. 랩으로 단단하게 싼 뒤 최소 3시간에서 하룻밤 동안 굳혀요.

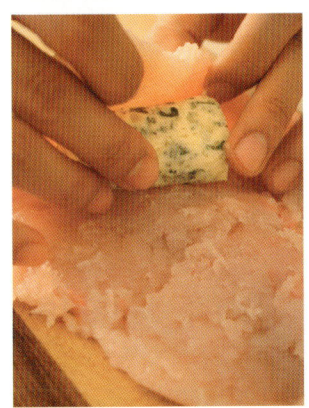

4

냉장고에서 닭가슴살을 꺼내 랩을 벗긴 뒤 튀길 때 모양이 흐트러지지 않도록 각각의 닭가슴살에 이쑤시개를 2개씩 꽂아요. 그리고 밀가루를 얇게 묻혀요.

5

달걀을 깨 고루 풀어요. 밀가루옷을 입은 닭가슴살에 달걀옷을 입히고, 빵가루 그릇에 넣고 살살 굴려 빵가루옷을 입혀요.

6

180~190℃로 예열된 기름에 닭가슴살을 2개씩 넣고 8~10분간 노릇노릇 익혀요. 다 익으면 이쑤시개를 빼 버리고 마무리해요.

04
제대로 썰어볼까?
버터 스테이크

잘 구워진 스테이크는
육감적이다 못해
요염한 맛을 내죠.
사라지지 않은 생명의 냄새가
우리의 오감을 감싸고
마치 금기된 무언가가
우리의 몸속에 스며드는 듯한
죄스러움마저 느껴지지만
그 죄책감이 되레
감미롭게 느껴지는 이유는
무엇일까요?

재료 2인분

쇠고기(안심) 약 2줌(350g), 버터 9스푼, 김가루 1스푼, 다진 마늘 0.1스푼, 올리브오일 4~5스푼, 레드와인 1스푼, 알감자 10~12개 정도, 소금 0.1스푼과 여분의 소금, 청경채 2포기, 후춧가루 약간, 파슬리가루 약간

쇠고기(안심)

스테이크용 쇠고기를 준비하시면 돼요.

1

쇠고기를 키친타월로 꾹꾹 눌러 핏물을 없애고 소금과 후춧가루를 뿌려 밑간하세요.

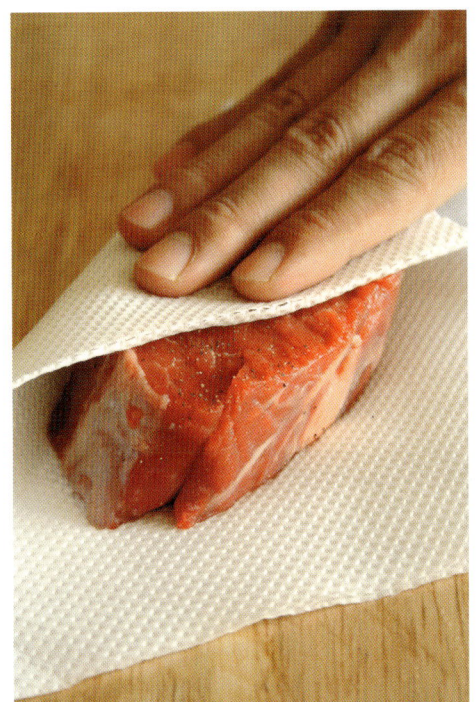

2

밑간된 안심에 올리브오일(1스푼)과 레드와인을 섞어 바른 뒤 냉장고에서 하루 정도 숙성시켜요.

올리브오일과 레드와인이 고기 맛을 한결 더 풍부하게 해줘요.

김가루가 싫으면 파슬리가루로 대체하세요.

3

실온에 두어 부드러워진 버터(6스푼)에 김가루와 다진 마늘을 넣고 잘 섞은 다음 랩으로 덮어 냉장고에 넣어 굳혀요.

4

감자는 소금을 넣은 끓는 물에 삶아요. 식으면 껍질을 벗겨요.

만들기 ⑤~⑨는 다음 페이지에 있어요.

5

팬에 버터(3스푼)를 녹인 후 껍질을 벗긴 감자를 넣고 소금(0.1스푼)으로 간하고 파슬리가루를 살짝 뿌려 노릇노릇 먹음직스럽게 구워요.

6

청경채는 반으로 갈라 두꺼운 줄기 부분에 살짝 칼집을 넣어요. 소금을 넣고 끓인 물에 청경채를 살짝 데쳐 찬물에 헹군 뒤 물기를 꼭 짜요.

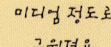
미디엄 정도로 구워져요.

8

냉장고에 넣어둔 버터는 예쁘게 모양을 낸 뒤 구워진 스테이크에 올려 실온에 2~3분간 두세요. 이 과정을 거치면 가운데에 몰려 있던 육즙이 고기 전체로 고르게 퍼져 더욱 부드럽고 촉촉한 스테이크가 돼요.

7

센 불에 팬을 달궈 남은 올리브오일(3~4스푼)을 두르고 안심을 넣어 앞뒤로 각각 20~30초씩 구워 육즙이 흐르는 것을 막아요. 그런 다음 200℃로 예열된 오븐에 넣고 5~7분가량 구워요.

9

접시에 스테이크를 담고 데친 청경채와 구운 감자를 곁들여 내요.

05

후끈후끈 달아오르는,
중독성이 강한 매운 맛!
초대요리로 내놓으면 한 번
먹어본 모든 이들이 거침없이
앙코르를 외친다는
그 전설적인 메뉴,
라조기를 소개합니다.

얼큰한 한판 승부
라조기

만들기는
다음 페이지에 있어요!

재료 4인분

닭고기(살코기) 약 3줌(500g), 튀김기름 적당량, 통깨 0.3스푼
채소볶음소스 통조림 죽순 1개(100g), 불린 표고버섯 5~6장, 팽이버섯 1줌, 양송이버섯 5개, 청경채 3포기, 양파 1/2개, 풋고추 1개, 붉은 고추 1개, 파 1대, 마늘 8쪽, 진간장 3스푼, 맛술 2스푼, 굴소스 1.5스푼, 물 1과1/2컵, 녹말물(녹말가루와 물 4.5스푼씩), 고추기름 4~5스푼, 참기름 0.3스푼, 튀김기름 적당량, 통깨 1티스푼, 후춧가루 약간
닭고기 양념 진간장 1.5스푼, 맛술 1.5스푼, 후춧가루 약간
튀김 반죽 녹말가루 약 1과1/4컵(140g), 우유 3스푼, 달걀흰자 3개, 카레가루 0.7스푼

1 닭고기를 한 입 크기로 썰어 양념에 조물조물 무친 뒤 냉장고에 넣어 1시간가량 재워요.

2 분량의 재료를 섞어 만든 튀김 반죽에 양념이 고루 밴 닭고기를 넣고 조물조물 버무려요.

3 중약불에서 예열한 튀김기름에 ②의 닭고기를 넣고 속살이 고루 익을 때까지 초벌튀김을 한 뒤에 키친타월에 얹어 기름기를 빼요.

4 불린 표고버섯은 채 썰고, 죽순과 양송이버섯은 모양을 살려 얇게 썰고, 청경채와 양파는 먹기 좋은 크기로 썰어요.

5 마늘은 편 썰고, 풋고추와 붉은 고추, 파는 어슷하게 썰어요.

6 팬에 고추기름을 두르고 파, 마늘, 풋고추, 붉은 고추를 넣고 매운 향이 날 때까지 볶다가 분량의 맛술과 진간장을 넣고 볶아요.

7 바로 이어 양파, 표고버섯, 죽순, 양송이버섯 순으로 넣어 볶다가 분량의 물을 부어 끓여요.

8 국물이 끓어오르면 청경채와 팽이버섯을 넣고 계속 볶아요. 청경채의 숨이 살짝 죽으면 굴소스를 넣어 간하고, 녹말물로 농도를 조절해요. 국물이 걸쭉해지면 참기름과 후춧가루를 넣고 불에서 내려 채소볶음소스를 완성해요.

9 센 불에서 튀김기름을 다시 달군 뒤 초벌튀김한 닭고기를 넣고 바삭하게 다시 튀겨요. 튀긴 닭고기는 키친타월에 올려 기름기를 뺀 뒤 접시에 가지런히 담고 채소볶음소스를 고루 끼얹어요. 통깨를 뿌려 완성해요.

진간장, 식초, 고춧가루를 섞어 만든 디핑소스(233쪽 참조)를 곁들여도 좋아요.

06
맥주를 넣어 더 바삭한
피시&칩스

영국의 가장 대표적인 요리로 피시&칩스가 있어요. 대구나 가자미 같은 흰살생선을 기름에 튀겨 소금과 식초를 뿌려 먹는 비교적 간단한 요리랍니다. 심플한 레시피지만 전통적인 방식을 따른다면 집에서도 영국에서 먹는 피시&칩스, 그 이상의 맛을 즐길 수 있답니다.

 **재료 4인분**

흰살생선 손바닥 크기 2덩이(600g), 완두콩 5컵, 레몬 2/3개, 밀가루 약 1/2컵(50g), 감자 5개, 튀김기름 적당량, 소금 0.2스푼과 여분의 소금
튀김 반죽 맥주 약 1과 1/7컵(230ml), 밀가루 약 1과 2/5컵(150g), 얼음 5덩이

흰살생선

> 흰살생선은 통통하게 살이 오르고 길이 16~18cm인 것으로 준비하세요.

1

소금(0.2스푼)을 넣은 끓는 물에 완두콩을 넣어 데친 다음 핸드믹서로 적당히 갈아 작은 그릇에 담아둬요.

> 완두콩이 씹히는 맛이 있어야하니 너무 곱게 갈지 말아요.

2
감자는 껍질을 벗겨 길쭉하고 도톰하게 썬 뒤 찬물에 20~30분가량 담갔다가 체에 밭쳐 물기를 빼요. 중약불로 달군 튀김기름에 넣고 겉의 색이 변하지 않되 속까지 부드럽게 익도록 튀긴 뒤 키친타월에 올려 기름기를 빼요.

3
맥주에 밀가루와 얼음을 넣고 한 방향으로 저어 튀김 반죽을 만들어요. 튀김 반죽의 온도는 얼음으로 차갑게 유지하세요.

> 반죽에 맥주를 넣으면 맥주가 반죽의 기포 형성을 촉진시켜 튀김이 바삭하게 만들어져요.

4
흰살생선에 밀가루를 가볍게 묻힌 뒤 튀김 반죽에 담가 튀김옷을 입혀요.

> 레몬이 없으면 식초로 대신하세요. 타르타르소스(236쪽 참조)를 곁들여도 맛있어요.

5

중불로 튀김기름을 예열해 튀김옷을 입힌 생선을 넣고 5분간 바삭하게 튀겨요. 노릇노릇 튀겨지면 키친타월에 올려 기름기를 적당히 뺀 뒤 접시에 담아요.

6

초벌튀김한 감자를 넣고 센 불에서 다시 한 번 바삭하게 튀긴 뒤 소금을 뿌려 생선튀김을 담은 접시에 올려요. 간 완두콩, 레몬, 소금과 함께 내요.

퓨전 중화요리의 첫걸음
새우양상추쌈

고소하게 튀긴 새우와
각종 채소를 다글다글 볶아
양상추에 싸서 자장소스와
함께 먹는 중국식
퓨전 전채요리.
아작아작하게 씹히는
상쾌한 YO~ 맛에
식탁이 즐거워집니다.

재료 4인분

새우살(중하) 10마리분(200g), 양상추 1/2개, 양파 1/4개, 통조림 물밤 1작은줌(50g), 죽순 1/2개, 통조림 완두콩 4/5컵(80g), 통조림 옥수수 3/5컵(80g), 당근 1/2개, 당면 약 1/2줌(35g), 굴소스 1~2스푼, 청주 1.5스푼, 참기름 0.3스푼, 후춧가루 약간, 식용유 1과1/2컵
새우 양념 진간장 1스푼, 녹말가루 1.5스푼, 설탕 0.7스푼, 달걀노른자 1개
자장소스 자장 2스푼, 꿀 1.5스푼, 레몬즙 1.5스푼

1

완두콩과 옥수수는 국물을 버린 뒤 뜨거운 물을 끼얹어 불순물을 없애요. 당근, 양파, 죽순, 물밤, 새우살은 완두콩 크기로 잘게 썰어요. 새우살은 분량의 양념에 버무린 뒤 30분간 실온에서 재워요.

2
양상추는 한 장씩 잎을 떼어 흐르는 물에 씻은 뒤 얼음물에 담가요. 먹기 직전에 체에 받쳐 물기를 빼요.

3

팬에 식용유를 다소 넉넉히 두르고 당면을 튀겨요. 튀겨진 당면은 키친타월에 올려 기름기를 뺀 뒤 손으로 잘게 부숴요.

4

당면을 튀긴 팬에 양념이 밴 새우살을 넣어 살짝 튀긴 다음 키친타월에 올려 기름기를 빼요.

5

팬에 겉도는 식용유는 따라 버리고 양파, 당근, 죽순, 물밤, 완두콩, 옥수수 순으로 넣으며 볶아요. 채소가 고루 익으면 기름기 빠진 새우와 청주를 넣고, 굴소스로 간하고, 참기름과 후춧가루를 넣어 향을 내요.

6

자장을 팬에서 볶다가 레몬즙과 꿀을 넣어 자장소스를 만들어요. 양상추잎의 오목한 부분에 ⑤를 적당량 올린 다음 자장소스를 살짝 끼얹고 잘게 부순 당면을 살짝 뿌려 내요.

08

새우도 화나면 맵다
칠리새우

새우가 있는 식탁 풍경은
언제나 풍요로움이 넘쳐요.
새우 가득한 식탁 위에서
탱글탱글한 맛의
로망을 꿈꾸며
사랑하는 사람의 입맛을
사로잡으세요.

 **재료 3인분**

새우(중하) 15마리, 양파 2/3개, 당근 2/5개, 마늘 3쪽, 풋고추 1개, 파 1대, 양송이버섯 4~5개, 밀가루 1.5스푼, 고추기름 1.5스푼, 녹말물(녹말가루와 물 3스푼씩), 다진 파슬리 적당량, 튀김기름 적당량
튀김 반죽 물 혹은 탄산수 3/4컵, 달걀흰자 1개, 올리브오일 1스푼, 녹말가루 약 1/2컵(50g), 밀가루 약 1컵(100g)
칠리소스 뜨거운 물 9/10컵(180ml), 두반장 3스푼, 토마토케첩 3스푼, 우스터소스 0.3스푼, 식초 2스푼, 설탕 4.5스푼, 치킨스톡 1스푼, 참기름 0.3스푼, 후춧가루 약간

1
양파·당근·풋고추는 잘게 다지고, 마늘은 가늘게 채 썰고, 양송이버섯은 크기에 따라 2~4등분하고, 파는 송송 썰어요.

2
새우는 꼬리를 남긴 채 머리와 껍질을 벗긴 다음 이쑤시개로 등에 있는 내장을 빼세요. 새우의 물기를 닦고 밀가루와 함께 비닐봉지에 담은 뒤 입구를 막고 세차게 흔들어 밀가루옷을 고루 입혀요.

3
분량의 튀김 반죽 재료를 한데 담고 한 방향으로 휘저어 튀김 반죽을 만든 뒤 밀가루옷을 입은 새우를 넣어 튀김옷을 고루 입혀요.

4
중불에서 예열한 튀김기름에 새우를 넣고 튀겨요. 새우살이 고루 익으면 꺼내서 키친타월에 올려 기름기를 빼요.

칠리소스의 농도에 따라 녹말물의 양을 가감하세요.

5
팬에 고추기름을 두르고 준비한 마늘, 양파, 당근, 파, 양송이버섯 순으로 넣고 볶아요. 양파가 투명해지면 분량의 재료를 섞어 만든 칠리소스를 붓고 끓여요. 소스가 끓어오르면 녹말물을 붓고 걸쭉해질 때까지 계속 끓여요.

6
센 불로 튀김기름을 다시 달궈 단시간에 새우를 바삭하게 튀겨요. 키친타월에 올려 기름기를 완전히 뺀 뒤 ⑤에 넣고 고루 버무려 완성해요. 다진 파슬리를 살짝 뿌리면 때깔이 고와지니 반가운 손님 오셨을 때 꼭 활용하세요.

09

스페인식 철판해물볶음밥
파엘라

우리가 흔히 '빠에야'라고 부르는 파엘라는 양쪽에 손잡이가 달린 깊이가 낮은 프라이팬을 가리키는 말로, 옛 스페인 사람들이 밖에서 일을 하다가 주변의 나뭇가지들을 모아다가 장작불을 지펴 쉽게 구할 수 있는 재료들을 넣고 쌀과 함께 지어 먹었다는 데에서 유래한 스페인식 가정 메뉴예요. 재료들을 보면 지극히 이국적이지만 그 맛만큼은 한국인의 입맛에 꼭 맞는 아주 정겨운 요리랍니다.

 **재료 4인분**

파엘라쌀 1과 1/3컵(220g), 홍합 20개, 새우(중하) 12마리, 오징어 몸통 1마리분, 흰살생선 1작은줌(120g), 화이트와인 5/8컵(125ml), 붉은 양파 1과 1/2개, 껍질은 벗긴 잘 익은 토마토 1개, 베이컨 1장, 올리브오일 5/8컵(125ml), 마늘 5쪽, 붉은 파프리카 1개, 초리조소시지 1큰줌(90g), 카옌페퍼 약간, 치킨스톡 1.5스푼, 완두콩 1컵(90g), 다진 파슬리 3스푼, 소금·후춧가루 약간씩, 레몬 1개, 사프란 0.3스푼, 뜨거운 물 2와 1/2컵(500ml)

초리조소시지

> 초리조소시지는 붉은 색의 마늘, 파프리카, 칠리가루로 매콤하게 양념된 거친 표면의 스페인 소시지예요. 각종 요리에도 많이 이용되지만 각종 샌드위치 속 재료나 와인 안주로도 사랑 받고 있답니다.

1

토마토, 붉은 양파, 붉은 파프리카는 잘게 다지고, 새우는 꼬리만 남기고 머리와 껍질을 벗긴 뒤 내장을 빼고, 오징어는 1cm 너비로 길게 썰고, 흰살생선은 한 입 크기로 썰어요. 베이컨은 잘게 다지고, 초리조소시지는 얇게 채 썰어요. 냉동 완두콩은 뜨거운 물을 부은 뒤 물기를 빼고요. 생완두콩이라면 끓는 물에 소금을 약간 넣고 살짝 데쳐요.

2

뜨겁게 달군 냄비에 화이트와인과 잘게 다진 붉은 양파(1개분)를 넣고 볶아요.

> 볶은 뒤에도 껍데기를 굳게 다문 홍합은 버려요.

3

깨끗하게 손질한 홍합을 넣어요. 뚜껑을 닫고 조심스럽게 흔들면서 센 불에서 5분간 볶아요. 조리된 홍합은 건져 따로 보관하고, 국물도 따로 담아 보관해요.

4

냄비에 올리브오일을 두르고 다진 붉은 양파(1/2개분), 베이컨, 다진 붉은 파프리카, 편으로 썬 마늘을 넣고 5분간 볶아요.

> 만들기 ⑤~⑩은 다음 페이지에 있어요!

5 다진 토마토와 초리조소시지, 카엔페퍼를 넣고 소금과 후춧가루로 간을 하세요.

6 홍합을 볶은 국물을 넣고 파엘라 쌀을 넣어 계속 볶아요.

7 사프란과 뜨거운 물을 섞어 블렌더에 넣고 갈아요.

8 쌀이 다른 재료들과 고르게 섞이면 사프란물을 붓고 치킨스톡을 넣어 센 불에서 끓여요. 국물이 끓으면 불을 약하게 조절하고 뚜껑을 닫지 않은 상태에서 15~20분간 더 끓여요.

9 완두콩, 새우, 오징어, 흰살생선을 쌀 속에 살짝 파묻힐 정도로 눌러 넣어요. 그런 다음 뚜껑을 덮고 약불에서 10분간 조리해요. 중간에 한 번씩 살짝 휘저어주세요.

10 따로 보관했던 홍합을 얹고 약불에서 5분 정도 더 조려요. 만약 쌀이 충분히 익지 않았다면 여분의 물을 조금 더 붓고 몇 분간 더 익혀요. 밥이 고슬하게 완성되면 불을 끄고 5분간 뜸을 들인 후 다진 파슬리를 흩뿌리고 레몬을 곁들여 내요.

10

소박한 유럽식 밥상
코티지파이

코티지파이는
우리말로 직역하면
'오두막집 파이' 예요.
고기가 귀하던 시절,
스테이크를 자주
해 먹지 못하던 유럽의
가난한 농가에서
감자와 다진 쇠고기를 넣어
만들었다고 해서
이렇게 이름이 붙여졌대요.

만들기는 다음페이지에 있어요!

재료 5인분

감자 4개, 버터 3스푼, 우유 4~5스푼, 파마산치즈가루 2.2스푼, 로켓 혹은 각종 샐러드 채소 4줌, 소금 0.3스푼
스테이크 반죽 다진 쇠고기 5줌(500g), 올리브오일 2스푼, 양파 3/4개, 다진 마늘 0.3스푼, 당근 1개, 가지 3개 혹은 서양가지 1개, 밀가루 2스푼, 레드와인 1/2컵, 껍질 벗긴 토마토(232쪽 참조) 2와1/4개, 토마토퓌레 3스푼, 우스터소스 1스푼, 오레가노 2스푼, 소금·후춧가루 약간씩
소프트 폴렌타 옥수수가루 5/7컵(85g), 우유 9/10컵(180ml), 파마산치즈가루 5~6스푼(20g), 치킨스톡 0.7스푼, 뜨거운 물 1과1/2컵

1 양파는 잘게 다지고 당근, 가지, 토마토는 사방 1cm 크기로 깍둑 썰어요.

2 넓고 오목한 팬에 올리브오일을 두르고 양파, 다진 마늘, 당근, 가지를 넣고 볶아요.

3 양파가 부드러워지면 다진 쇠고기를 넣고 잘게 부숴가며 계속해서 볶아요.

4 쇠고기가 익으면 밀가루를 넣고 볶다가 레드와인을 넣고 끓여요.

5 국물이 끓어오르면 다진 토마토, 토마토퓌레, 우스터소스, 오레가노를 넣고 소금과 후춧가루로 살짝 간해 볶아요. 국물이 다시 끓으면 약불에서 국물이 끈적해질 때까지 조려서 스테이크 반죽을 마무리해요.

6 감자는 깍둑 썰어 소금(0.3스푼)을 넣은 끓는 물에 삶아 건진 뒤 우유(4~5스푼)와 버터를 넣고 포크 뒷면으로 짓이겨요.

7

냄비에 뜨거운 물과 우유를 부어 넣고 치킨스톡을 넣어 끓여요. 국물이 끓어오르면 불을 약하게 낮춰 옥수수가루를 조금씩 넣으며 저어요. 약불에서 10분 정도 뭉근하게 조리다가 국물이 끈적해지면 불에서 내린 뒤 파머산치즈가루를 넣고 고루 섞어 소프트 폴렌타를 완성해요.

8

부드럽게 짓이긴 ⑥의 감자에 소프트 폴렌타를 조금씩 넣어가며 섞어요.

9

오븐용기에 스테이크 반죽을 평평하게 깔아 넣고 ⑧을 부어요.

10

표면을 평평하게 만든 뒤 파머산 치즈가루를 고루 뿌려 200℃로 예열된 오븐에서 25~30분간 구워요.

11

다 구워진 파이는 접시에 옮겨 담고 채소를 살짝 곁들여 내요.

59

홍콩에서 온 얼큰한 밥도둑
완차이 홍합볶음

주말 특별메뉴로 두반장과 얼얼한 고추기름으로 뒤범벅된 홍합볶음은 어떠세요? 홍합 특유의 쫄깃쫄깃한 감칠맛이 뜨끈뜨끈한 밥 한 공기와 함께 혀끝에서 뜨거운 이중주를 연주하는 도저히 거부할 수 없는 맛이랍니다. 홍합을 무조건 싫어라 하는 철부지 입맛도 사로잡아버린 그 맛, 지금 당장 도전해보세요!

 **재료 2인분**

홍합 30개, 양파 1/3개, 마늘 3쪽, 파 1대, 다진 생강 0.2스푼, 고추기름 1.5스푼, 두반장 3스푼, 고춧가루 2스푼, 설탕 2스푼, 맛술 1스푼, 청주 1스푼, 진간장 1스푼, 참기름 0.2스푼, 후춧가루 약간

1 홍합은 수염을 잡아당겨 없앤 뒤 수세미로 껍데기를 반질반질하게 닦아요.

2 냄비에 물을 듬뿍 붓고 끓여요. 보글보글 물이 끓으면 손질한 홍합을 넣고 삶아요. 홍합 껍데기가 벌어지면 홍합을 건져 그릇에 담고, 국물 1/2컵은 따로 담아 두어요.

3 양파와 마늘은 잘게 다지고, 파는 송송 썰어요.

4 오목한 팬에 고추기름을 두르고 양파, 마늘, 다진 생강, 파를 넣고 볶아 향을 내요.

5 매운 향이 피어오르면 따로 보관해두었던 홍합국물과 두반장, 고춧가루, 설탕, 맛술, 청주, 진간장을 넣고 끓여요.

6 국물이 끓으면 미리 삶아놓은 홍합을 넣고 고루 버무린 뒤 후춧가루와 참기름을 넣어 마무리해요.

12

유럽의 낭만이
절실하게 그리워지는 날에는
프랑스의 정취가 그대로
살아 숨 쉬는 요리를 만들어
삶에 활기를 불어 넣으세요.
누구나 쉽게 만들 수 있는
메뉴라면 가격이 도도한
럭셔리 레스토랑에서 먹는
요리 이상의 맛과 기쁨을
집에서 편하게
누리실 수 있을 거예요.

간단한 레시피, 깊이 있는 맛
새우오븐구이

재료 2인분

새우(중하) 8~10마리, 마늘 10쪽, 붉은 고추 1개, 버터 7스푼(70g), 올리브오일 5/8컵(125ml), 다진 파슬리 1.5스푼, 바게트 적당량

1 새우는 머리와 꼬리는 남긴 채 껍질을 벗기고 등에 있는 내장을 이쑤시개로 빼내요.

2 마늘은 칼등으로 으깨고, 붉은 고추는 얇게 채 썰어요. 오븐용기에 마늘, 붉은 고추, 버터, 올리브오일 순으로 담고 220℃로 예열한 오븐에 넣어 6~8분간 조리해요.

3 오븐에서 용기를 꺼내 새우를 가지런히 올리고 다시 오븐에 넣어 10~15분간 구워요. 완성되면 다진 파슬리를 흩뿌려 바게트와 함께 내세요.

Bonus recipe
내 안의 작은 프랑스, 니스식 샐러드

재료(4인분) 양상추 2/3개, 각종 샐러드 채소 2줌, 삶은 감자 1과1/2개, 삶은 달걀 2개, 통조림 참치 12스푼(120g), 데친 껍질콩 3줌, 방울토마토 14~15개, 안초비 4개, 올리브 20개, 케이퍼 2스푼, 올리브오일 1스푼, 클래식 비네그레트(239쪽 참조) 적당량

접시에 양상추와 각종 샐러드 채소를 넉넉히 깔고, 한 입 크기로 썬 삶은 감자, 삶은 달걀, 통조림 참치, 데친 껍질콩, 방울토마토, 안초비, 올리브, 케이퍼를 순서대로 올려요. 그리고 올리브오일을 반지르르하게 끼얹은 뒤 클래식 비네그레트소스를 고르게 두릅니다. 프랑스 니스에서 날아온 맛의 낭만을 집에서 가족과 함께 만끽하세요.

13

김치의 로맨틱 세레나데
김치 라자냐

"김치가 유럽을 만나다."
오랜 시간 동안 서양인들의
식탁에서 천대를 받았던
김치는 최근에서야
영양학적인 측면에서
큰 조명을 받기 시작했죠.
그 맛과 냄새가 강해
서양인들에게 다소
부담스러울 수 있지만
유럽식 요리기법을 적용해
맛을 부드럽게 재해석해낸 이
요리라면 서양인들도 크게
환영할 거란 자신이 생기네요.

재료 4인분

라자냐 6~8장, 시금치 약 4와1/2줌(175g), 갈은 모차렐라치즈 약 4와2/3컵(375g), 파머산치즈가루 1/3컵, 소금 약간
라자냐소스 김치 1/6포기, 다진 쇠고기 2줌(300g), 다진 당근 1/2개분, 다진 셀러리 약 18cm짜리 1대분, 다진 양파 1/2개분, 캔토마토 1캔(400g), 토마토소스 2와1/2컵(500g), 오레가노 0.3스푼, 버터 3스푼, 후춧가루 0.1스푼, 소금 약간
화이트 소스 버터 7.5스푼, 밀가루 약 1/2컵(50g), 우유 3컵
라자냐 삶기 물 적당량, 소금 0.7스푼, 올리브오일 0.3스푼

1

김치는 소를 털어낸 뒤 잘게 다지고, 캔토마토는 잘게 다져요.

2

약불에 냄비를 올려 예열한 뒤 버터(3스푼)를 넣어 녹여요. 여기에 셀러리, 양파, 당근, 김치를 넣고 4~5분간 볶아요.

3

양파가 투명해지기 시작하면 다진 쇠고기를 넣고 나무주걱으로 부숴가며 볶다가 쇠고기가 다른 재료들과 잘 섞이면 다진 캔토마토를 넣어 계속 볶아요.

4

쇠고기가 익으면 토마토소스와 마른 오레가노를 넣어 섞고 후춧가루로 간하여 라자냐소스를 완성해요. 식성에 따라 소금을 더 넣어 간을 맞춰요.

5

약불에 냄비를 예열한 뒤 버터(7.5스푼)를 넣고 녹이다가 밀가루를 체에 내려 넣고 2분간 잘 저어주세요. 밀가루와 버터가 잘 어우러지면 분량의 우유를 조금씩 넣어가며 소스가 끈적해질 때까지 저어 화이트소스를 완성해요.

6

냄비에 넉넉하게 물을 붓고 소금을 넣고 끓여요. 팔팔 끓어오르면 분량의 올리브오일을 뿌려 넣고 라자냐를 넣어 약 10~12분간 삶아요. 다 삶아지면 찬물에 헹군 뒤 체에 받쳐 물기를 빼고 채반에 펼쳐 말려요.

만들기 ⑦~⑪은 다음 페이지에 있어요.

7

시금치는 소금을 약간 넣은 끓는 물에 넣어 데친 뒤 찬물에 헹궈 물기를 빼고, 모차렐라치즈는 강판에 갈아주세요.

8

오븐 용기 바닥에 화이트소스를 고르게 바르고 물기가 마른 라자냐를 깐 뒤 다시 화이트소스를 고르게 펴 발라요.

용기 바닥에 화이트소스를 깔아주면 라자냐가 타지 않아요.

9

화이트소스 위에 라자냐소스를 펴 바른 뒤 데친 시금치를 흩뿌리고, 모차렐라치즈와 파머산치즈가루를 뿌린 뒤 다른 라자냐로 덮어요. 이 과정을 2~3번 반복하세요.

10

마지막 라자냐를 덮은 다음에는 화이트소스, 모차렐라치즈, 파머산치즈가루를 차례로 넉넉히 뿌려요.

11

200℃로 예열된 오븐에 넣고 30~35분간 치즈가 노릇노릇하게 녹아내릴 때까지 구우면 김치라자냐 완성이요! 중간중간 오븐을 체크하는 건 필수겠죠!

14

환상적인 태국의 맛
팟타이

세계 미식가들이 찬사를
아끼지 않는 맛의 천국 태국.
태국 요리 하면 가장 먼저
떠오르는 것이 팟타이라고
해도 과언이 아니죠.
작렬하는 태양의 뜨거움을
닮은 이 이국적인 맛에
흠뻑 빠질 준비,
되셨나요?

만들기는 다음 페이지에 있어요!

 **재료 2인분**

팟타이국수 약 1큰줌(150g), 새우(중하) 16마리, 태국고추 1개 혹은 붉은 고추 1/2개, 중국부추 1작은줌, 마늘 8쪽, 대파 2대, 달걀 2~3개, 식용유 4~5스푼, 숙주 2큰줌, 칠리가루 0.1스푼, 새우가루 2스푼, 다진 땅콩 4.5스푼, 라임 혹은 레몬 2개, 코리엔더(고수잎) 1/2줌, 소금·후춧가루 약간씩
소스 타마린드소스 4.5스푼, 피시소스 2~3스푼, 설탕 2~3스푼

칠리가루

칠리가루는 칠리를 곱게 갈은 것이에요. 양념적인 기능이 강하답니다.

1

새우는 꼬리는 그대로 둔 채 머리와 껍질은 없애고 등에 칼집을 넣어 이쑤시개로 내장을 빼내요.

2
분량의 재료들을 한데 섞어 소스를 만들어요.

3

태국고추(혹은 붉은 고추)는 반으로 갈라 씨를 뺀 뒤 얇게 채 썰고, 부추는 5~6cm 길이로 썰고, 마늘은 얇게 편으로 썰고, 대파는 어슷하게 썰어요. 라임(혹은 레몬)은 6등분하고요.

4

뜨거운 물에 팟타이국수를 1~2분간 담가놓아요. 면발이 부드러워지면 체에 밭쳐 물기를 빼요.

중불로 달군 팬에 준비한 식용유의 절반을 두르고 편 썬 마늘을 넣고 볶다가 마늘 향이 피어오르면 손질한 새우를 넣고 2~3분간 볶아요.

조리주걱으로 새우를 팬의 중앙에서 한쪽으로 밀어놓고 남은 식용유를 더 두른 뒤 달걀을 넣어 1분간 스크램블해요. 팟타이국수와 부추를 넣고 볶다가 미리 만들어둔 소스와 칠리가루, 새우가루, 다진 땅콩(2.2스푼)을 넣고 볶아요.

숙주와 어슷 썬 파는 분량의 절반만 넣고 계속 볶아요. 기호껏 소금과 후춧가루로 살짝 간하고요.

기호에 따라 스리라차 칠리소스를 뿌려 먹기도 해요.

그릇에 볶은 국수를 담고 남은 다진 땅콩, 채 썬 고추, 코리엔더 순으로 올린 뒤 라임을 얹어요. 남은 숙주나물과 어슷 썬 파는 따로 그릇에 담아 함께 내세요.

15

상큼한 사과소스와 돼지고기의 발칙한 만남이 눈부신 요 맛! 절대 어울리지 않을 것 같은 이 만남은 미녀와 야수의 사랑 이야기를 읽어내려가는 듯한 야릇한 감동을 줘요. 사과소스의 발랄함이 돼지고기 특유의 누린내를 없애고 부드러운 맛으로 길들인, 맛깔스런 발칙함이 엿보이는 사랑스러운 맛이랍니다.

내 안의 작은 유럽
소시지 & 매시 포테이토

재료 2인분

수제 소시지 6개, 감자 4개(800g), 소금 0.3스푼, 버터 5.5스푼(55g), 우유 4.5스푼, 디종머스터드 0.1스푼, 다진 파슬리 약간, 양겨자 약간, 사과소스(237쪽 참조) 적당량

오리엔탈 그레이비소스 가늘게 채 썬 양파 1개분, 물 1컵 약간 못 미치는 양(185ml), 치킨스톡 0.5스푼, 토마토케첩 1.5스푼, 홀그레인머스터드 1스푼, 설탕 1.5스푼, 녹말물(물과 녹말가루 2스푼씩)

1

작은 냄비(혹은 소스팬)에 물, 치킨스톡, 토마토케첩, 홀그레인머스터드, 설탕을 넣고 끓여요. 국물이 끓어오르면 채 썬 양파를 넣고 양파가 살짝 부드러워질 때까지 조려요. 여기에 녹말물을 적당히 넣어 농도를 조절해 오리엔탈 그레이비소스를 만들어요.

2

감자는 껍질을 벗기고 적당한 크기로 썬 뒤 분량의 소금을 넣은 끓는 물에 넣고 삶아요.

3

감자가 익으면 물을 따라 버리고 감자가 식기 전에 버터, 디종머스터드, 우유를 넣고 포크 뒷면으로 짓이겨 매시포테이토를 만들어요.

4

예열된 그릴이나 팬에 소시지를 올리고 속이 골고루 익을 때까지 구워요. 소시지가 타지 않게 이따금씩 뒤집어주세요.

5

접시에 매시포테이토를 퍼 담고 가운데에 숟가락으로 작은 홈을 낸 뒤 미리 준비한 오리엔탈 그레이비소스를 적당량 넣어요.

6

매시포테이토 옆에 구운 소시지를 가지런히 담고 다진 파슬리를 흩뿌려요. 각자의 기호에 따라 양겨자와 사과소스를 곁들여 드세요.

16

중국인이 사랑하는 서민 메뉴
차슈덮밥

돼지고기라면 사족을 못 쓰는
15억 중국인들이
너무나 사랑한다는
차슈(중국식 돼지바비큐).
한국에서는 일본식 차슈가
대세이지만 알고 보면
차슈의 고향은 중국이에요.
중국에서 길을 걷다 보면
오리와 함께 떡 하니 걸려 있는
불그스레한 고기 덩어리들을
어렵지 않게 볼 수가 있는데,
그것이 바로
오리지널 차슈랍니다.

재료 4인분

돼지고기(허리살) 2와1/2큰줌(550g), 꿀물(꿀 2.2스푼, 물 1스푼), 녹색채소 적당량
차슈 양념 차슈가루 2스푼, 옐로우빈소스 1.5스푼, 설탕 2.2스푼, 해선장소스 1.5스푼, 굴소스 1스푼, 청주 1.5스푼, 참기름 0.3스푼, 꿀 2스푼
차슈 그레이비소스 해선장소스 4.5스푼, 꿀 3스푼, 레몬즙 3스푼, 물 4~5스푼, 치킨스톡 0.2스푼

차슈 양념을 만들 때 옐로우빈소스가 없으면 해선장소스와 차슈가루를 조금 더 넣으세요.

1 돼지고기를 한 입 크기로 썰어 차슈 양념에 8시간 정도 재운 뒤 220℃로 예열한 오븐에 넣고 10~12분가량 구워요. 시간이 되면 오븐의 온도를 180℃로 낮추고 8~10분간 더 구워요.

2 오븐에서 돼지고기가 구워지는 동안 차슈 그레이비소스의 재료를 한데 섞은 뒤 살짝 끓여 차슈 그레이비소스를 완성하고, 녹색채소는 살짝 데쳐요.

3 오븐에서 꺼낸 돼지고기는 2~3분간 실온에서 식혀요. 그동안 오븐을 그릴 기능으로 바꾸고요. 식힌 돼지고기에 꿀물을 바르고 그릴에 넣어 4~5분간 앞뒤로 뒤집어가며 타지 않게 구워요.

4 먹음직스럽게 구워진 돼지고기를 얇게 썰어 밥 위에 가지런히 얹은 뒤 차슈 그레이비소스를 끼얹어요. 녹색채소는 다른 그릇에 담아 함께 내요.

17 넌 내 꼬얏!
데리야끼 연어조림

연어를 요리하다 보면
어머니 얼굴을 떠올리며
야릇한 미소를 짓곤 하죠.
생전 처음 친지 분으로부터
연어를 선물 받으시고
귀한 걸 받았다며
좋아하시기는 하셨지만
정작 어찌 요리해야 할지 몰라
무척 난감해하시던
어머니의 옛 모습이
아른거리곤 해요.
그리고 보니 연어 요리는
어머니보다 제가
한 수 위인 것 같네요.
이런 몹쓸 승부욕
같으니라고….

재료 2인분

연어 약 2줌(300g), 양송이버섯 8~9개, 버터 1.5스푼, 청경채 2포기, 소금 1스푼
데리야끼소스 진간장 1/2컵, 설탕 4.5스푼, 물엿 1.5스푼, 참기름 0.3스푼, 청주 2스푼, 다시마&가다랑어국물 혹은 다시마국물 혹은 물 8스푼, 다진 마늘 0.7스푼

1
탱글탱글한 육질의 연어를 너비 4~5cm로 토막 낸 뒤 분량의 재료를 섞어 만든 데리야끼소스에 20~30분간 재워요.

2
양송이버섯은 크기에 따라 2~4등분하고, 청경채는 반으로 갈라 소금을 넣은 끓는 물에 넣고 살짝 데쳐 찬물에 헹궈 물기를 꼭 짜요.

3
식용유 대신 버터를 녹여 구우면 한결 더 고소해요.

달궈진 팬에 버터를 넣어 녹이고 연어의 껍질 쪽을 바닥으로 오게 놓고 연어를 재웠던 소스를 부은 뒤 조려요.

4
연어가 익기 시작하면 양송이버섯을 넣고 계속 조려요. 국물이 자작하게 졸아들면 불에서 내리고 청경채와 함께 내요.

Bonus recipe

블랙의 고상함, 껍질콩무침

재료(4인분) 껍질콩 3줌, 흑임자 8스푼, 설탕 2스푼, 일본간장 혹은 다시마간장 1스푼, 청주 2스푼

소금을 넣은 끓는 물에 껍질콩을 넣고 데친 뒤 건져 식혀요. 이때 절대 찬물에서 헹구지 마시고 부채질을 하면서 젓가락으로 휘휘 저으며 식히세요. 약불에 달군 마른 팬에 흑임자를 넣고 가볍게 볶아 흑임자가 따뜻할 때 곱게 갈아줍니다. 식힌 껍질콩은 2~3cm 길이로 잘라 곱게 갈아놓은 흑임자와 설탕, 일본간장(혹은 다시마간장), 청주를 넣고 조물조물 무쳐요.

18

럭셔리 이탈리아 레스토랑, 비켜! 정통 이탈리아 스파게티의 진수를 저렴하고도 간단한 방법으로 집에서 즐겨보세요. 이탈리아 요리 레시피의 심플한 미학이 담긴 섬세하고도 부드러운 맛에 자꾸 찾게 되는 카~르보나라 스파게티!

기본에 충실해
카르보나라 스파게티

재료 2인분

스파게티면 1과1/4줌(250g), 생크림 1과2/5컵(280ml), 베이컨 6장, 달걀노른자 4개, 버터 1.5스푼, 마늘 5쪽, 양송이버섯 7개, 파마산치즈가루 3스푼(20g), 소금 약간, 굵은 후춧가루 약간
스파게티면 삶기 물 12와1/2컵(2500ml), 소금 0.7스푼, 올리브오일 0.3스푼

1
마늘과 양송이버섯은 얇게 편으로 썰고, 베이컨은 먹기 좋은 크기로 썰어요.

2
생크림에 달걀노른자를 넣고 나무 젓가락으로 고루 저어 소스를 만들어요.

3
소금을 넣고 끓인 물에 올리브오일과 스파게티면을 넣고 10~12분간 쫄깃하게 삶아 건져 물기를 빼요.

4
뜨겁게 예열한 팬에 버터를 넣어 녹인 뒤 마늘과 베이컨을 넣어 볶아요.

5
베이컨이 어느 정도 익었다 싶으면 준비한 양송이버섯을 넣고 볶다가 삶은 스파게티면을 넣고 고루 섞어요. 소금을 살짝 넣어 간을 하고요.

6
소스를 붓고 단시간에 재빨리 섞은 뒤 불에서 내려요. 스파게티를 접시에 담고 파머산치즈가루를 뿌려요. 기호에 따라 굵은 후춧가루를 뿌려 드세요.

19
바다를 담은 스파게티
게살 스파게티

누군가가 내가
요리한 스파게티를
다 먹고 나서
접시에 남아 있는 소스를
빵으로 깨끗이 닦아가며
맛있게 먹어주는 날이면
말할 수 없는 행복을 느껴요.
그것은 내가 정성껏 만든
스파게티에 보내는 최고의
찬사이기 때문이죠.

재료 2인분

스파게티 혹은 링귀네 1과1/4줌(250g), 통조림 게살(삶은 게살) 1작은줌(120g), 올리브오일 4~5스푼, 마늘 8쪽, 캔토마토 1캔(400g), 토마토 2와1/2개, 칠리플레이크 혹은 다진 마른 고추 1스푼, 화이트와인 1/3컵(75ml), 카엔페퍼 0.2스푼, 진간장 1.5스푼, 다진 파슬리 1스푼, 레몬 1/2개, 그뤼에르치즈 혹은 체다치즈 1컵(80g)
스파게티면 삶기 물 12와1/2컵(2500ml), 소금 0.7스푼, 올리브오일 0.3스푼

1 게살은 잘게 찢어 준비해요.

2 토마토는 십자로 칼집을 넣은 후 끓는 물에 데쳐 찬물에 담갔다 꺼낸 뒤 껍질을 벗겨요. 그런 다음 4등분을 하고, 캔토마토는 잘게 다져요. 마늘은 편으로 썰고요.

3 그뤼에르치즈(혹은 체다치즈)는 강판에 갈아요.

4 소금을 넣은 분량의 끓는 물에 올리브오일(0.3스푼)을 살짝 뿌린 뒤 스파게티면을 넣고 약 10~12분간 삶아요. 다 삶아지면 건져서 물기를 빼세요.

만들기 ⑤~⑧은 다음 페이지에 있어요.

5

중불에 팬을 올려 올리브오일 (4~5스푼)을 두르고 편으로 썬 마늘과 칠리플레이크(혹은 다진 마른 고추)를 넣고 20~30초간 볶아요.

6

화이트와인, 다진 캔토마토, 껍질을 벗긴 토마토를 넣고 카옌페퍼와 진간장으로 간한 뒤 소스가 살짝 졸아들 때까지 3~4분간 보글보글 끓여요.

7

찢어둔 게살을 넣고 볶다가 물기 빠진 스파게티면을 넣어요. 게살이 따뜻하게 조리되고 스파게티면이 소스와 잘 섞일 때까지 저어가며 계속 볶아요.

8

스파게티를 불에서 내려 접시에 담고 갈은 그뤼에르치즈(혹은 체다치즈)와 다진 파슬리를 뿌려요. 상큼한 레몬을 곁들여 내세요.

Bonus recipe

찬란한 금색 빛깔에 마음이 취하는 맥주 칵테일, 샨디

재료(2인분) 맥주, 레모네이드 혹은 사이다를 1:1의 비율로 준비

이 칵테일은 술을 잘 못하시는 분들께 자신 있게 권해드려요. 먼저 컵에 레모네이드나 사이다를 따라 넣고 같은 양의 맥주를 섞습니다. 이때 레모네이드나 사이다를 먼저 넣는 이유는 레모네이드나 사이다를 나중에 넣으면 거품이 많이 생겨 넘쳐버리는 경우가 있기 때문이에요. 알코올에 약하신 분이라면 맥주 양을 줄이고 레모네이드나 사이다의 양을 늘리세요. 레모네이드나 사이다를 섞은 샨디는 유럽 사람들이 즐겨 마시는 반면, 진저에일(ginger ale. 생강 맛이 나는 탄산음료)을 섞은 샨디는 주로 북미 사람들이 즐겨 마신다고 하네요.

20

스페인에서 온 얼큰한 밥
치킨&초리조소시지밥

맛이 얼큰하고 개운해서
한국인이라면 누구나 좋아할
메뉴랍니다. 닭고기국물에
고슬고슬하게 지어진 얼큰한
밥, 향긋한 파슬리와
상큼한 레몬까지 더하면
정말 환상이죠.
이국적인 정취에 스페인의
매콤한 정겨움을
마음껏 누리시오소서~.

만들기는 다음 페이지에 있어요!

재료 2인분

닭고기 약 3큰줌(700g), 초리조소시지 1줌(70g), 양파 1/2개, 껍질을 벗긴 붉은 파프리카(232쪽 참조) 1과1/2개, 마늘 5쪽, 칠리플레이크 혹은 다진 마른 고추 0.7스푼, 카옌페퍼 0.2스푼, 파엘라 쌀 1컵(175g), 올리브오일 4.5스푼, 치킨스톡 1.5스푼, 소금·후춧가루 약간씩, 물 3과1/2~3과 3/4컵(700~750㎖), 다진 파슬리 1.5스푼, 레몬 1/2개

> 팬은 반드시 오븐 겸용 팬을 사용하세요.

1. 초리조소시지와 양파는 잘게 다지고, 껍질을 벗긴 붉은 파프리카는 길이로 채 썰고, 마늘은 얇게 편 썰어요.

2. 닭고기는 소금과 후춧가루를 뿌려 살짝 간해요.

3. 오목한 팬에 올리브오일(3스푼)을 두르고 닭고기를 올려 겉만 노릇노릇하게 구워요. 닭고기를 속까지 익히면 나중에 오븐에서 조리할 때 닭고기가 홀라당 타버릴 수 있으니 반드시 겉만 노릇하게 익혀야 해요.

4. 겉만 익힌 닭고기는 접시로 옮겨 담고, 닭고기를 익힌 팬에 남은 올리브오일을 마저 둘러 초리조소시지를 넣고 볶아요. 초리조소시지가 익을 무렵 편 썬 마늘, 다진 양파, 채 썬 파프리카를 넣고 볶다가 칠리플레이크(혹은 다진 마른 고추)와 카옌페퍼를 넣어요.

5
양파가 부드럽게 익으면 분량의 물을 붓고 미리 구워놓은 닭고기와 치킨스톡을 넣고 끓여요.

6
국물이 보글보글 끓으면 불을 약하게 조절해 15분간 더 끓인 뒤 닭고기 주변으로 파엘라쌀을 부어 센 불에서 끓여요. 식성에 따라 소금이나 후춧가루로 간하세요.

7
국물이 다시 끓어오르고 쌀이 익으면 팬을 불에서 내려 180℃로 예열된 오븐에 넣고 30~40분간 국물이 자작해질 때까지 조리해요.

8
오븐에서 팬을 꺼내 냄비 뚜껑이나 알루미늄포일로 덮어 5~10분간 뜸을 들인 후 다진 파슬리를 솔솔 뿌리고 레몬을 곁들여 내요.

21

넌 왜 그렇게 생겼니?
주꾸미볶음

"웃어라, 그러면 세상은
너와 함께 폭소를 터뜨리며
함께 웃을 것이다.
울어라, 그러면 너 혼자서
눈물을 흘릴 것이다."
외로워도 슬퍼도 나는
한 잔의 술을 벗 삼아
주꾸미 네 모습을 바라보며
세상과 함께 폭소를
터뜨리며 웃을 것이다.

재료 4인분

주꾸미 약 3큰줌(700g), 밀가루 1스푼, 풋고추 1개, 붉은 고추 1개, 당근 1개, 양파 1/2개, 호박 1개, 실파 2~3대, 식용유 2스푼, 통깨 0.3스푼, 소금 약간
양념 고춧가루 7~8스푼, 고추장 4.5스푼, 진간장 3~4스푼, 청주 4.5스푼, 참기름 1.5스푼, 설탕 3스푼, 갈은 배 7.5스푼, 갈은 양파 7.5스푼, 다진 생강 0.5스푼, 다진 마늘 3스푼, 깨소금 0.7스푼

1 주꾸미는 머리를 뒤집어서 내장을 제거하고 밀가루를 뿌려 주물럭주물럭 씻어요. 이렇게 씻어야 미끄덩거리는 느낌과 특유의 비린내 등 잡냄새를 어느 정도 없앨 수 있어요.

2 풋고추와 붉은 고추는 어슷하게 썰고, 호박과 당근은 길이로 적당히 썰고, 양파는 채 썰고, 실파는 송송 썰어요.

3 소금을 약간 넣은 끓는 물에 손질한 주꾸미를 넣고 데쳐요. 데친 주꾸미는 체에 밭쳐 물기를 빼세요.

4 분량의 재료를 섞어 주꾸미를 볶을 때 넣을 양념을 만든 뒤 물기 뺀 주꾸미에 붓고 버무려 5~10분간 재워요.

5 팬에 식용유를 두르고 손질한 당근, 양파, 호박을 넣고 볶아요.

6 양파가 투명해지거나 채소의 숨이 한풀 죽으면 양념에 재운 주꾸미를 넣고 함께 볶아요. 주꾸미가 채소와 잘 섞이면 어슷 썬 고추와 송송 썬 실파를 넣고 조금 더 볶다가 통깨를 뿌려 완성해요.

85

22

아귀찜은 나의 힘!
회사에서 야근을 하거나
밤을 새워 일을 하게 되는
날이면 가장 먼저 떠오르는
메뉴예요. 회사 동료들과
마주앉아 '내 아귀찜을
탐하는 자 용서치 않겠다'는
살벌한 눈빛을 남발하며
대(大)자를 혼자 다
먹어치우는 내 오랜 아귀찜
사랑을 누가 막으리오~!
아귀찜이 있어 때로는 야근이
반갑기까지 하답니다.

화끈하게 볶어보자고!
아귀찜

재료 4인분

아귀 1마리(650g), 콩나물 6큰줌(600g), 미더덕 1과1/7컵(150g), 미나리 3줌(130g), 파 2대, 불린 고사리 1줌(80g), 풋고추 1개, 붉은 고추 1개, 멸치&다시마국물 2컵 2스푼, 참기름 3~4스푼, 녹말물 혹은 찹쌀물(녹말가루 혹은 찹쌀가루와 물 6스푼씩), 통깨 0.3스푼, 소금·후춧가루 약간씩, 고추냉이·진간장 적당량

양념 고춧가루 7.5스푼, 진간장 5스푼, 갈은 양파 12스푼, 다진 마늘 1.5스푼, 다진 생강 0.2스푼, 청주 1.5스푼, 깨소금 0.3스푼, 참기름 0.2스푼, 소금 0.3스푼, 후춧가루 약간

1. 아귀는 내장을 없애고 깨끗이 씻은 뒤 큼직하게 토막을 내요.

2. 분량의 재료를 한데 섞어 양념을 만든 다음 손질한 아귀를 넣고 고루 버무려요.

3. 미나리와 불린 고사리는 4~5cm 길이로 썰고, 파는 채 썰고, 붉은 고추와 풋고추는 어슷하게 썰고, 콩나물은 머리와 꼬리를 다듬어 씻어요.

4. 냄비에 참기름(2~3스푼)을 두른 뒤 콩나물을 넣고 고들고들 아삭아삭하게 볶아요. 다 볶아지면 그릇에 담아 한켠에서 보관해요.

만들기 ⑤~⑧은 다음 페이지에 있어요!

5

팬에 남은 참기름을 마저 두르고 양념장에 미리 재워두었던 아귀를 넣고 볶다가 멸치&다시마국물을 붓고 끓여요. 아귀가 익으면 건져 다른 그릇에 담아두세요.

6

양념이 남아 있는 팬에 미더덕, 붉은 고추, 불린 고사리, 볶은 콩나물, 파, 미나리, 풋고추 순으로 넣어 볶아요.

7

채소의 숨이 살짝 죽으면 따로 담아두었던 아귀를 넣고 소금과 후춧가루로 간한 뒤 찹쌀물이나 녹말물을 넣어 국물을 걸쭉하게 만들어요.

8

아귀찜을 그릇에 담고 통깨를 뿌려요. 고추냉이를 진간장에 골고루 섞은 뒤 아귀살과 콩나물을 찍어 드세요.

 **재료 4인분**

통삼겹살 600g, 월계수잎 10장, 로즈마리 3줄기, 레드와인 1과3/4컵, 통후추 1스푼

파무침 채 썬 파 2큰줌, 채 썬 양파 1/2개분, 달걀노른자 1개, 고춧가루 1~2스푼, 식초 4스푼, 참기름 0.3스푼, 설탕 1스푼, 깨소금 0.3스푼, 멸치액젓 0.3스푼, 고추장 1스푼

돼지가 와인에 빠진 날
와인삼겹살

향기로운 레드와인과 은은한 허브 향이 감미롭게 어우러진 고급 삼겹살입니다. 대한민국 삼겹살의 힘찬 신화는 레드와인과의 조화로운 만남으로 세계로 GO! GO!

1 삼겹살을 밀폐용기에 가지런히 담고 월계수잎, 로즈마리, 통후추를 삼겹살 층층이 흩뿌린 다음 삼겹살이 잠길 정도로 레드와인을 부어 냉장고에서 4~5시간 숙성시켜요.

2 숙성된 삼겹살을 팬에 올려 센 불에서 살짝 익힌 뒤 한 입 크기로 썰어요. 다시 팬에 삼겹살을 넣고 중간 불에서 속까지 고루 익혀요.

3 채 썬 파와 양파는 찬물에 담가 매운 맛을 우린 뒤 체에 밭쳐 물기를 빼고, 달걀노른자를 제외한 나머지 재료들은 고루 섞어 양념장을 만들어요. 한 그릇에 파, 양파, 달걀노른자를 넣고 양념장을 부어 젓가락으로 고루 무쳐 구운 삼겹살과 함께 내요.

34

바다와 육지가 만났다!
오징어와 삼겹살이 만나서
일명 오삼찜.
맛을 보기도 전에
향긋한 미나리와 깻잎 향에
코끝이 취하고,
쫄깃한 오징어와
토실한 삼겹살의
맛깔 나는 하모니로
어느새 내 입가에는
주책없이 침이 마구마구
고여 오네요.

매운맛 좀 봐라~
후끈후끈 오삼찜

재료 4인분

오징어 2마리, 삼겹살 2와1/2줌(400g), 콩나물 3줌(250g), 참기름 4~5스푼, 양파 2/3개, 대파 1대, 애호박 2/3개, 미나리 2줌, 풋고추 1개, 붉은 고추 1개, 고추기름 3스푼, 다시마&가다랑어국물 혹은 물 3/4컵, 녹말물(녹말가루와 물 5스푼씩), 통깨 0.3스푼
양념 고추장 6~8스푼, 고춧가루 6스푼, 물엿 4.5스푼, 다진 마늘 3스푼, 설탕 4.5스푼, 다진 생강 0.2스푼, 진간장 1스푼, 참기름 1스푼, 후춧가루 약간

1
오징어는 내장을 빼고 껍질을 벗겨 잘게 칼집을 넣은 뒤 길이로 썰고, 삼겹살은 한 입 크기로 썰어요.

2
분량의 재료를 섞어 양념을 만들어요. 손질한 오징어와 삼겹살을 양념에 넣고 골고루 버무린 뒤 30분간 재워요.

3
콩나물은 머리와 꼬리를 떼어내세요. 대파, 풋고추, 붉은 고추는 어슷하게 썰고, 애호박은 반달 모양으로 썰고, 양파는 채 썰고, 미나리는 5~6cm 길이로 썰어요.

4
넓고 오목한 팬에 참기름을 두르고 콩나물을 넣어 볶아요. 콩나물이 고들고들 아삭아삭하게 익으면 그릇에 담아두어요.

5
같은 팬에 고추기름을 두르고 양념에 재운 오징어와 삼겹살, 채 썬 양파를 넣고 볶다가 다시마&가다랑어국물(혹은 물)을 부어 끓여요.

6
오징어와 삼겹살이 익기 시작하면 볶은 콩나물, 호박, 미나리, 붉은 고추를 넣고 계속 볶아요. 재료들이 고루 익으면 풋고추와 대파를 넣고 살짝 더 볶다가 녹말물을 넣어 농도를 걸쭉하게 한 후 통깨를 뿌려 완성해요.

세상에서 가장 달콤한 맛의 속삭임, 디저트

요리가 한 편의 장편소설이라면 디저트는 한 편의 작은 시라는 생각이 들어요.
처음으로 오븐 속에서 혹은 내 손끝에서 그 앙큼한 것들이
꽃을 피우던 날의 달콤한 설렘을 어찌 잊을 수 있겠어요?
펜이 아닌 나의 손끝으로 사랑하는 이들을 위해 달콤한 시 한 편을 매일매일 써
속삭이듯 읽어주고 싶어요. 삶의 행복이란 그다지 거창하지도, 요란하지도 않아서
더욱 아름다운 것 같아요.

01
든든한 티타임
오트밀 쿠키

오트밀은 귀리(oat)와 식사(meal)의 합성어로 스코틀랜드에서 유래된 식품으로, 유럽이나 미국 등지에서 아침식사로 즐겨 먹고 있어요. 귀리를 볶은 다음 거칠게 부수거나 납작하게 눌러 죽처럼 조리해서 먹는 식품인데, 쿠키로 만들어도 고소하니 맛이 좋아요.

재료 40~43개분

박력분 약 3과2/3컵(400g), 설탕 1과1/4컵(200g), 황설탕 약 1과1/3컵(225g), 바닐라액 0.3스푼, 버터 1과1/2컵(250g), 달걀 3개, 베이킹파우더 1스푼, 오트밀 2컵, 코코넛가루 1컵, 해바라기씨·호박씨·깨 등 각종 견과류 1컵, 각종 건과일 2컵

오트밀

오트밀은 다른 곡류에 비해 단백질과 비타민이 많고, 소화가 잘되며, 특히 배변에 탁월한 효능을 보인다고 해요.

1 박력분과 베이킹파우더는 한데 섞은 뒤 체를 쳐두어요.

2 버터는 실온에 두어 부드럽게 한 뒤 큰 그릇에 설탕, 황설탕과 함께 넣고 크리미하게 휘핑해요.

3 ②에 달걀과 바닐라액을 넣고 계속 젓다가 미리 체 쳐둔 가루류를 넣고 주걱으로 고루 섞어요.

4 가루류와 버터가 잘 어우러지면 오트밀, 코코넛가루, 각종 견과류, 각종 건과일을 넣고 고루 섞어 쿠키 반죽을 완성해요.

5 오븐트레이에 유산지를 깔고 반죽을 아이스크림 스쿠프나 숟가락을 이용해서 한 숟가락씩 퍼서 올려요. 오븐에서 구워질 때 반죽이 약간 퍼질 수 있으니 반죽 사이에 일정한 간격을 두세요.

6 190℃로 예열된 오븐에 넣고 10~15분 정도 구워 식혀요.

02

사랑하는 사람을 위해 손수
생일 케이크를 만들 수
있다는 건 큰 축복이에요.
이 아름다운 축복을
누릴 수 있는 저는
너무나 행복한 여자랍니다.

프리티함의 극치
베리베리 티라미수케이크

재료 6~8인분

7~8mm 두께의 제누아즈(242쪽 참조) 혹은 카스텔라 2~4장, 라즈베리 1과 1/2컵, 블루베리 1컵, 민트잎 적당량, 슈거파우더 약간
티라미수 반죽 달걀 3개, 설탕 15스푼(120g), 생크림 1컵(200ml), 젤라틴가루 1.5스푼(10g), 마스카포네치즈 1과 1/4컵(250g), 라즈베리 리큐르 2~3스푼, 찬물 5스푼
라즈베리 시럽 라즈베리 리큐르 5스푼(50ml), 물 5스푼, 설탕 6스푼(50g)

젤라틴

마스카포네치즈

> 젤리를 만들거나 케이크를 굳힐 때 넣는 재료예요. 판 젤라틴과 가루 젤라틴 두 가지 종류가 있는데요. 가루 젤라틴은 강도가 높아 판 젤라틴을 사용할 때보다 더 단단하게 굳는답니다.

> 마스카포네치즈는 이탈리아에서 생산되는 크림치즈랍니다. 그 맛이 매우 섬세해 부드러운 크림 향이 느껴지는 고급 치즈 중 하나죠. 마스카포네치즈 대신 일반 크림치즈를 쓰셔도 되지만 마스카포네치즈만큼 부드러운 맛을 기대할 수는 없어요.

티라미수 반죽 만들기

1

달걀을 깨 노른자와 흰자를 각각 다른 그릇에 담아요.

2

달걀노른자가 담긴 그릇에 설탕(6스푼)을 넣고 거품기로 휘저어요. 부피가 2배가량 부풀어 오르고 뽀얗게 색이 변할 때까지 힘차게 휘저으세요.

3

달걀흰자가 담긴 그릇에 설탕(4스푼)을 2~3번에 나눠 넣으며 거품기로 힘차게 휘저어요. 생크림처럼 하얗고 단단해 보이고, 거품기를 들어올렸을 때 뾰족한 형상이 생길 때까지요.

4

또 다른 그릇에 생크림과 설탕(5스푼)을 넣고 생크림이 너무 단단해지지 않을 만큼만 휘저어주세요.

> 만들기 ⑤~⑫는 다음 페이지에 있어요!

냄비의 반이 차도록 물을 부어 끓여요. 그 사이에 젤라틴가루를 분량의 찬물에 넣고 불려요.

중탕 온도가 100℃ 이상 올라가지 않도록 주의하세요.

젤라틴이 충분히 불고, 냄비의 물이 뭉근히 끓기 시작하면 젤라틴 액이 담긴 그릇을 끓는 물(100℃ 이하)에 얹고 중탕으로 부드럽게 녹여요.

마스카포네치즈를 실온에 두어 부드럽게 만든 뒤 중탕 중인 젤라틴 액과 섞고 계속 중탕을 해요.

마스카포네치즈 덩어리가 부드럽게 퍼지면 ②, ③, ④, 라즈베리 리큐르 순으로 넣고 섞어 티라미수 반죽을 완성해요.

시럽 만들기

분량의 라즈베리 시럽 재료를 팬에 한데 넣고 섞은 뒤 뭉근한 불에서 1~2분가량 끓여 식혀요.

케이크 완성하기

10

오븐용기, 컵 등 케이크 용기를 정하세요. 제누아즈(혹은 카스텔라)를 준비한 용기 크기에 맞게 자른 뒤 용기 바닥에 깔아요. 그 위에 라즈베리 시럽을 얇게 바르고 티라미수 반죽을 반 정도 부어요. 다시 그 위에 제누아즈를 깔고 라즈베리 시럽을 바른 뒤 티라미수 반죽을 부어요.

기호에 따라 제누아즈를 1번만 깔아도 돼요.

11

케이크 용기를 바닥에 살살 쳐 티라미수케이크 표면을 고르게 만든 뒤 냉동실에 넣어 하룻밤 굳혀요.

12

먹기 2~3시간 전에 냉동실에서 케이크를 꺼내 냉장고로 옮겨 해동시켜요. 해동이 되면 라즈베리, 블루베리, 민트잎으로 장식한 뒤 슈거파우더를 살짝 뿌려 완성해요.

Bonus recipe

차가운 티라미수케이크와 잘 어울리는 향 좋은 차, 로즈마리허브티

개인적으로 부드러운 티라미수케이크에는 진한 커피보다는 부드러운 향의 로즈마리티를 추천해요. 차가운 물에 로즈마리를 20~30분간 담가놓았다가 뜨거운 물에 넣어 1~2분간 우려 마셔요. 각자의 기호에 따라 꿀을 넣어 드셔도 좋아요.

03

놀이공원의 단골 스낵
추로스

어린 시절 아버지 손을 잡고
놀이공원에 가게 되면
꼭 사 먹었던 추로스.
추로스라는 낯선 이름 때문인지
어린 나는 매번
아버지께 모양을 그려가며
한참을 설명해야 했죠.
그때마다 아버지께서는
구슬땀을 흘리시며
추로스를 파는 가게를
찾으셔야만 했답니다.
아버지께서 건네주시는
추로스를 냉큼 받아 들고는
염치없이 잘도 먹어댔던
그 시절, 왜 나는 아버지께
추로스를 한입 들어보시라고
여쭤보지도 않았을까요?

 **재료 4인분**

박력분 약 1과1/3컵(150g), 물 약 6/7컵(170ml), 버터 3스푼(30g), 설탕 0.1스푼, 달걀 2개, 튀김기름 적당량
시나몬슈거파우더 설탕 약 2/3컵(110g), 계피가루 0.3~0.5스푼

1
설탕(2/3컵)과 계피가루를 고루 섞어 시나몬슈거파우더를 만들어요.

2
냄비에 버터, 물, 설탕(0.1스푼)을 한데 섞어 약불에서 끓여요. 재료가 녹아서 서로 잘 어우러지면 불에서 내려요.

3
②에 박력분을 체 쳐가며 넣어 재빨리 섞은 뒤 약불에 올려요. 그리고 달걀을 풀어 조금씩 넣어가며 한 방향으로 저어요.

4
반죽이 묵직해질 때까지 부지런히 저은 뒤 불에서 내려요.

5
반죽을 짤주머니에 넣고 180℃로 예열한 튀김기름에 조금씩 짜 넣고 2~3분간 튀겨요. 가위로 반죽을 자르면 편리해요.

6
바삭하게 튀긴 추로스는 키친타월에 올려 기름기를 어느 정도 없앤 후 뜨거울 때 시나몬슈거파우더 그릇에 굴려 내요.

04

단아한 디저트
녹차젤리

"세상은 온통 녹색으로
물들어 있고, 말랑말랑한
그 무엇이 여기에 있나니."
가만히 앉아서
바라보는 것만으로도
너무나 설렙니다.

재료 5인분

맛차가루 혹은 녹차가루 3스푼, 젤라틴가루 2스푼, 설탕 8스푼, 뜨거운 물 1/2컵, 찬물 3컵 3~4스푼(630~640ml), 생크림 1과 1/2컵, 통조림 단팥 1컵

맛차가루

맛차가루는 일본식 녹차가루로 베이킹을 할 때 종종 이용해요. 맛차가루를 이용하면 일반 녹차가루에 비해 색이 아주 곱게 나온답니다.

1

큰 그릇에 맛차가루(혹은 녹차가루)와 설탕을 고루 섞은 다음 뜨거운 물을 조금씩 부어가며 곱게 개요. 그런 다음 찬물(3컵)을 붓고 덩어리지지 않게 잘 섞어요.

2

전자레인지용 작은 그릇에 찬물(3~4스푼)과 젤라틴가루를 넣고 랩을 씌워 10초간 전자레인지에 넣고 데워요. 젤라틴가루가 녹으면 ①과 재빨리 섞어요.

②를 냉장고에 넣어 젤리가 될 때까지 굳혀요. 이 과정에서 녹차가 가라앉지 않게끔 자주 저어주세요.

4

그릇에 녹차젤리를 담고 생크림과 통조림 단팥을 끼얹어 내요.

Bonus recipe

입 안을 깔끔하게! 제대로 우러난 녹차

처음 넣은 뜨거운 물로 우린 녹차는 버려요. 첫 번째 물에서는 불순물들이 우러나와 녹차 특유의 깔끔한 맛이 가려질 수 있거든요. 다시 물을 붓고 녹차 잎을 충분히 우려요. 찻잔에 녹차를 따르고 나서 김이 날아가지 않게 뚜껑이나 접시로 덮어줍니다. 이렇게 하면 녹차 고유의 향이 맴돌아 진한 향을 음미할 수 있어요. 녹차를 마실 때에는 코로 녹차의 뜨거운 김을 깊이 들이마신 다음 조금씩 음미하며 마시면 녹차의 깊고 단아한 맛과 향을 느낄 수 있어요.

05

어린 시절에는
촉촉한 케이크를 구워보는 게
작은 소망이었답니다.
이제는 촉촉하게 구워진
내 작은 소망을 맛보며
이 작은 여유에 감사한 마음을
가지게 됩니다.

이보다 더 촉촉할 수 없다
라즈베리 롤케이크

 **재료 롤케이크 팬 33×25cm짜리분 1개**

식용유 약간, 라즈베리 혹은 딸기 2/3컵, 라즈베리잼 혹은 딸기잼 4~5스푼, 생크림 1/2컵, 설탕 2~3스푼, 슈거파우더 약간
케이크 반죽 박력분 약 3/4컵(85g), 달걀 3개, 설탕 3/5컵(95g), 우유 1/4컵, 식용유 1/4컵, 베이킹파우더 0.7스푼

슈거파우더

> 슈거파우더는 빵이나 케이크를 만들 때 주로 쓰는 재료예요. 설탕을 가루로 만들어놓아 입자가 아주 곱고, 빛깔은 밀가루보다 하얗고, 물에 녹는 속도가 빨라요. 대형 마트나 제과재료상에서 구입할 수 있고요. 가격은 일반설탕보다 조금 비싼편이에요.

케이크 반죽&베이스 만들기

1

달걀은 흰자와 노른자를 분리해 준비해요. 달걀노른자가 담긴 그릇에 설탕(5스푼)을 넣고 뽀얗게 될 때까지 휘저은 다음 우유, 식용유를 넣고 거품기로 잘 섞어요.

2

박력분과 베이킹파우더를 섞어 체에 내린 뒤 두 번 더 체를 쳐서 ①에 넣고 거품기로 부드럽게 섞어요.

> 달걀의 비린 맛에 민감하다면 바닐라액을 0.2티스푼 넣어요.

3
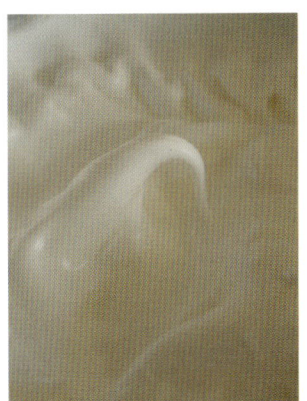

달걀흰자가 담긴 그릇에 남은 설탕을 3번에 걸쳐 넣어가며 힘차게 휘저어 머랭을 만들어요.

4

②에 머랭을 3번에 걸쳐 넣으며 거품기로 고루 휘저어 케이크 반죽을 완성해요.

> 만들기 ⑤~⑫는 다음 페이지에 있어요!

롤케이크 팬에 식용유를 살짝 뿌린 다음 유산지를 깔아요. 이때 유산지는 팬의 가장자리 부분이 팬의 높이보다 3~4cm 정도 더 올라오도록 깔아주세요. 그런 다음에 유산지 위에 케이크 반죽을 평평하게 부어요.

180℃로 예열된 오븐에 ⑤를 넣고 8~10분가량 구워 케이크 베이스를 만들어요. 겉면을 손끝으로 살짝 문질렀을 때 반죽이 묻어나지 않으면 잘 구워진 거예요.

케이크 베이스는 오븐에서 꺼내 한 김 식혀요. 다 식으면 팬을 뒤집어서 유산지를 조심스럽게 떼어낸 뒤 남은 열까지 모두 식혀요. 이 롤케이크 베이스는 너무 부드러워 쉽게 부서지니 조심히 다뤄요.

롤케이크 장식하기

넓은 도마에 유산지를 깐 뒤 케이크 베이스를 원래의 바닥 부분이 바닥으로 가게 올려놓아요. 그런 다음 케이크 가장자리를 45도 각도로 잘라요. 이렇게 해야 케이크를 말았을 때 깔끔하게 마무리돼요.

케이크 베이스의 윗면에 라즈베리 잼이나 딸기잼을 고루 펴 발라요.

생크림과 설탕을 섞어 단단해질 때까지 힘차게 휘저은 뒤 잼 위에 두껍게 펴 바르고, 라즈베리나 적당한 크기로 썬 딸기를 가지런히 배치해요.

유산지를 이용해 케이크를 조심스럽게, 김밥 말듯 돌돌 말아주세요. 이때 무리하게 힘을 주면 눌리거나 부서지니 조심하세요. 롤케이크는 유산지가 덮인 상태로 랩으로 꼼꼼하게 싸서 냉장고에 1~2시간 넣어두어요.

롤케이크를 냉장고에서 꺼내 랩과 유산지를 벗겨요. 슈거파우더를 솔솔 뿌리고, 뜨거운 물에 적신 후 물기를 닦은 칼로 조심스럽게 롤케이크를 잘라요.

Bonus recipe

오리엔탈 롤케이크, 딸기&단팥&녹차 롤케이크

재료만 살짝 바꾸면 색다른 버전의 오리엔탈 롤케이크가 쉽게 만들어져요. 가루류(박력분, 베이킹파우더)를 섞어 체 칠 때 녹차가루 1~1.5스푼을 넣어주고, 오븐에서 뽀송뽀송 촉촉하게 구워져 나온 케이크에 잼 대신 통조림 단팥 4.5스푼을 고루 펴 발라요. 그 위에 생크림 1/2컵과 설탕 1~2스푼을 섞어 단단해질 때까지 휘저은 생크림을 샤샤샥 펴 바른 뒤 딸기 5~7개를 잘게 썰어 얹고 돌돌 말아서 냉장고에 넣었다가 꺼내 적당한 두께로 자르면 되는 거예요.

06

꼬불꼬불 퓨전 한과
라면강정

라면강정을 처음 먹어본 것은
초등학교를 다닐
즈음이었어요. 평소 간식을
해주지 않으시는 어머니에
비해 이모는 종종
손수 맛있는 간식들을
만들어주셨는데, 그중 하나가
이 라면강정이었답니다.
라면강정을 입에 물고
〈아기공룡 둘리〉를 읽었던
때가 엊그제 같은데
벌써 제가 이 라면강정을
손수 만들고 있네요.

 **재료 8인분**

라면 3개, 땅콩 1컵, 잣 2/5컵, 튀김기름 적당량, 올리브오일 약간
시럽 설탕 약 2컵(300g), 물 1과1/2컵, 물엿 5스푼

1
라면은 밀대로 밀어 잘게 부순 뒤 180℃의 튀김기름에 넣고 바삭하고 노릇하게 튀겨요. 다 튀겨지면 키친타월에 올려 기름기를 빼요.

2
땅콩은 굵게 다지고, 잣은 키친타월에 올려 바락바락 문질러 불순물을 없애요.

3
작은 팬에 물과 설탕을 넣고 뭉근하게 조려요. 설탕물이 1/3 정도 졸아들면 물엿을 넣고 센 불에서 계속 조려요. 젓가락으로 찍어보아 젓가락 사이에 실 같은 끈이 끊기지 않고 쭉 늘어지면 불을 꺼 시럽을 완성해요.

4
튀긴 라면에 시럽을 붓고 잘 저어요.

강정의 두께는 1.5cm 안팎이 좋아요.

5
시럽이 라면과 고루 섞이면 다진 땅콩과 잣을 넣고 나무주걱으로 고루 버무려요.

6
큰 도마나 넓적한 쟁반에 유산지를 깔고 올리브오일을 살짝 바른 뒤 ⑤를 평평하게 펴 넣어요. 올리브오일을 바른 다른 유산지로 덮은 다음 밀대로 밀어 두께를 조절한 뒤 식혀요. 강정 반죽이 완전히 식으면 한 입 크기로 잘라 완성해요.

07
앙콤한 딸기가 쏘옥~
쑥 찹쌀떡

"이따금 나의 요리가 그대의
마음을 울리는 한 편의
아름다운 시가 되었으면 하는
욕심을 가집니다.
우리의 소중한 사랑과
추억이 한 편의 시가 되듯
그대를 위해 짓는 나의 요리도
그대에게 있어 아름다운 시가
되었으면 좋겠습니다."

재료 5인분

찹쌀가루 약 1과2/3컵(180g), 미지근한 물 1컵, 설탕 1/4컵, 딸기(작은 것) 10개, 쑥갓 1줌(100g), 팥앙금 1/2~3/5컵, 베이킹소다 0.1스푼, 녹말가루 적당량

1
딸기는 꼭지를 뗀 뒤 팥앙금으로 감싸 딸기단팥소를 만들어요.

> 물에 베이킹소다를 넣고 데치면 쑥갓의 선명한 녹색이 유지되고, 부족한 나트륨 함량이 높아져요.

2
찹쌀가루에 미지근한 물을 3번에 걸쳐 부으며 고루 섞어 떡 반죽을 만든 뒤 3덩이로 나눠요. 찜기에 면보자기를 깔고 떡 반죽을 담아 15분간 쪄요.

3
떡 반죽을 찌는 동안 다른 냄비에 물을 넉넉히 붓고 끓여요. 물이 부글부글 끓으면 베이킹소다를 넣고 쑥갓을 넣어 2분간 데친 뒤 물기를 빼서 곱게 다져요.

4

떡 반죽을 찜기에서 꺼내 뜨거울 때 설탕, 다진 쑥갓을 넣고 방망이로 쳐가며 치대요. 반죽이 한 김 식으면 초록 빛깔이 반죽에 고루 퍼지도록 손으로 고르게 치대요. 반죽이 뻑뻑하게 느껴지면 따뜻한 물을 조금씩 부어가며 부드러워질 때까지 반죽하세요.

5
떡 반죽을 한 점 떼어 손으로 얇게 펴요. 가운데에 딸기단팥소를 넣고 감싸 둥글게 떡 모양을 만들어요.

6

녹말가루를 살짝 묻혀 내요.

08

내 작은 가슴 한편에 한 떨기 작은 꽃잎이 깃들었어요. 나도 한 떨기 작은 꽃잎이 되어 사랑하는 그대의 가슴에 깃들고 싶어라~.

한 떨기 꽃이고 싶어라
꽃약과

 **재료 4인분**

밀가루 약 2와3/4컵(300g), 계피가루 0.2스푼, 소금 0.2스푼, 참기름 8스푼, 청주 9스푼, 꿀 7스푼, 메이플시럽 2스푼, 다진 생강 0.7스푼, 잣 2스푼, 튀김기름 적당량
집청 물 1/2컵, 물엿 1/2컵, 꿀 1/2컵, 생강 2톨

집청

> 집청은 분량의 재료를 한데 섞어 약불에서 10분간 조려 만들어요.

1
밀가루, 소금, 계피가루를 한데 섞어 체를 친 다음 참기름을 붓고 손바닥을 이용해 밀가루에 골고루 기름을 먹여요.

2
참기름을 먹인 밀가루를 숟가락을 이용해 곱게 체에 내린 뒤 다진 생강, 메이플시럽, 청주, 꿀을 넣어 충분히 치대며 반죽을 해요.

3
밀대로 반죽을 두툼하게 민 뒤 꽃모양 틀로 찍어요. 꽃모양 반죽마다 꼬챙이로 가운데에 구멍을 내요.

4
약불에서 예열한 튀김기름에 ③의 약과 반죽을 넣고 1~2분간 속까지 다 익을 정도로 튀긴 뒤 키친타월에 올려 기름기를 빼요.

5
다시 중불에서 튀김기름을 달궈 초벌튀김을 한 약과를 넣고 갈색 빛깔이 날 때까지 튀긴 뒤 키친타월에 올려 기름기를 빼요.

6
기름기를 뺀 약과는 집청에 담갔다 꺼낸 뒤 잣을 올려 장식해요. 식으면 드세요.

09

"그대를 향한 내 마음을
그려보고 싶었답니다.
이 작은 유리컵 속에
붉게 타오른 내 마음을
보여드리고 싶었습니다.
내 안에는 언제나
당신을 향한 마음으로
가득하군요."

그대를 향한 내 마음
생크림&요거트 케이크

 **재료 지름 6cm 유리컵 4개분**

7mm 두께의 제누아즈(242쪽 참조) 혹은 카스텔라 1장, 딸기 4개
하트 젤리 크랜베리주스 7.5스푼, 설탕 2스푼, 젤라틴가루 2스푼
생크림&요거트 반죽 플레인 요거트 1과1/4컵, 레몬즙 1스푼, 꿀 3스푼, 라즈베리 리큐르 1스푼, 젤라틴가루 1.5스푼, 따뜻한 물 6.5스푼, 생크림 1컵, 설탕 6스푼
토핑용 젤리 라즈베리 리큐르 1스푼, 설탕 4스푼, 크랜베리주스 1컵, 젤라틴가루 0.7스푼

유리컵 데코하기

1

크랜베리주스에 젤라틴가루를 넣고 불려요. 젤라틴가루가 충분히 불면 설탕을 넣고 약불에서 끓인 뒤에 지름 8cm 정도의 평평한 그릇에 부어요.

2

젤라틴 혼합물이 한 김 식으면 냉장고에 넣어 젤리 상태로 굳혀요.

3

②가 말랑말랑한 젤리 상태가 되면 스패튤라로 가장자리에 틈을 만들어 조심스럽게 그릇에서 떼어내요.

4

떼어낸 젤리는 원하는 모양 틀로 찍어 유리컵에 붙여 장식해요.

생크림&요거트 반죽 만들기

5

분량의 따뜻한 물에 젤라틴가루를 넣고 불려요. 젤라틴이 충분히 불면 레몬즙과 꿀을 넣고 덩어리지지 않도록 약불에서 뭉근히 끓여 녹여요.

6

그릇에 플레인 요거트를 넣고, 거품기로 저어가며 ⑤를 넣고 충분히 섞어요. 라즈베리 리큐르를 넣고 다시 고루 섞어요.

만들기 ⑦~⑪은 다음 페이지에 있어요!

7

다른 그릇에 생크림과 설탕을 함께 넣고 묵직한 농도가 될 때까지 거품기로 휘저은 뒤 ⑥에 두어 번에 걸쳐 넣고 잘 섞어 생크림&요거트 반죽을 만들어요.

8

젤리로 장식한 유리컵에 제누아즈(혹은 카스텔라)를 알맞은 크기로 잘라 넣은 뒤 생크림&요거트 반죽을 붓고 냉장고에서 2시간 정도 굳혀요.

토핑용 젤리 만들기

분량의 크랜베리주스(5스푼)에 젤라틴가루를 넣어 불려요. 젤라틴이 충분히 불면 남은 크랜베리주스, 설탕을 넣고 약불에서 끓여요.

10

설탕과 젤라틴이 녹으면 라즈베리 리큐르를 넣고 실온에서 식혀요.

케이크 장식하기

11

⑧에 딸기를 1개씩 얹고 실온에서 식힌 토핑용 젤리를 딸기 주변에 조심스럽게 부어요. 냉장고에 넣어 말랑말랑하게 굳혀 완성해요.

10

사과꽃 향기
애플 타르트

"내일 지구가 멸망한다고 해도
나는 오늘 한 그루의
사과나무를 심겠다"는
어느 철학자의 말을
매우 좋아해요.
그래서인지 학창시절부터
유달리 사과나무에 대한
애착이 각별하답니다.
당신에게 화려한 꽃다발을
받기보다는 듬직한 사과나무
한 그루를 선물 받고 싶어요.

만들기는 다음 페이지에 있어요!

재료 지름 26cm, 약 8인분

풋사과 3~4개, 밀가루 약간, 베이킹 빈 혹은 오래된 쌀이나 콩류 7컵
커스터드크림 달걀노른자 6개, 설탕 15.5스푼(125g), 녹말가루 5스푼(30g), 박력분 1.5스푼(10g), 우유 2와4/5컵, 버터 2스푼, 바닐라액 0.2스푼
타르트 반죽 박력분 약 3과1/5컵(350g), 무염 버터 15스푼(150g), 설탕 약 11스푼(90g), 달걀 2개, 소금 약간
소스 살구잼 8스푼, 물 1.5스푼

커스터드크림 만들기

1 달걀노른자와 설탕(7.7스푼)을 넣고 부드럽게 휘젓다가 박력분과 녹말가루를 섞어 체 쳐 넣고 잘 섞어요.

2 냄비에 우유, 설탕(7.7스푼), 바닐라액을 넣고 끓어오르기 바로 직전까지 데운 뒤 ①에 여러 번에 걸쳐 넣어요.

지속적으로 저어 주세요 그래야 커스터드크림이 부드러워요.

3 ②를 약불에 올려 계속 부드럽게 저으며 2분 정도 데우다가 버터를 넣고 불에서 내려요. 다시 한 번 잘 섞어 실온에서 식혀요.

타르트 반죽 만들기

4 박력분과 소금을 섞어 체 쳐서 실온에 두어 부드러워진 무염 버터와 고루 섞어요. 이때 혼합물이 아주 부드러워질 때까지 손가락으로 잘 섞어요.

5 달걀과 설탕을 넣고 잘 치대어 공 모양으로 타르트 반죽을 만든 뒤 랩으로 감싸 냉장고에 1시간가량 넣어두어요.

타르트 완성하기

6 밀가루를 뿌린 도마에 타르트 반죽을 올리고 밀대로 얇고 고르게 밀어요. 그런 다음에 타르트 틀에 가지런히 올리고 가장자리를 정리해 냉장고에 넣고 15분간 휴지시켜요.

7 냉장고에서 타르트 반죽을 꺼내 포크로 듬성듬성 콕콕 찔러 구멍을 내요.

8 반죽 위에 유산지를 깔고 베이킹 빈(혹은 오래된 쌀이나 콩류)을 타르트 틀에 채워 넣고 180℃의 오븐에서 10분간 구워요. 초벌구이가 끝나면 베이킹 빈과 유산지를 빼내고 오븐에서 5~7분 정도 더 구워요.

9 타르트가 오븐에서 구워지는 동안 사과를 일정한 모양으로 얇게 썰어요.

10 구워진 타르트 위에 커스터드크림을 부어 평평하게 정리하고, 그 위에 사과 조각을 예쁘게 얹어 180℃의 오븐에서 25~30분가량 구운 뒤 완전히 식혀요.

11 살구잼과 물을 섞어 뭉근한 불로 가열해 만든 소스를 타르트 표면에 붓으로 발라 윤기를 더해요.

미녀는 녹차를 좋아해~
녹차아이스크림

아이스크림 맛에 비교적 인색한 편이지만 녹차아이스크림만큼은 자다가도 벌떡 일어날 정도로 너무나 좋아해요. 녹차아이스크림 한 통을 껴안고 앉아 여유롭게 TV를 보는 그 순간만큼은 세상 어떤 것도 부럽지 않답니다.

재료 4인분

녹차가루 3스푼, 설탕 1컵, 달걀노른자 4와1/2개, 생크림 약 1과1/3컵(265ml), 우유 약 1과1/3컵(265ml)

1 두 개의 그릇을 준비하세요. 하나의 그릇에는 녹차가루와 설탕(3스푼)을 넣고 잘 섞고요.

2 또 다른 그릇에는 달걀노른자와 남은 설탕을 넣어 뭉치지 않게 고루 휘저어요.

3 작은 냄비에 우유를 부어 따뜻하게 데워요.

우유가 끓어오를 정도로 끓이면 안돼요.

4 따뜻하게 데워진 우유를 ①에 조금씩 부으면서 잘 저어요. 덩어리 없이 잘 섞이면 ②를 부어 고루 섞은 뒤 서늘한 곳에서 식혀요.

5 생크림을 50% 정도 휘핑해 ④에 넣고 잘 저어요. '50% 정도 휘핑'이란 거품기로 생크림을 들어올렸을 때 생크림의 끝부분이 아래로 처지는 정도를 말해요.

6 ⑤를 그릇에 옮겨 부은 뒤 냉동실에 넣어 굳혀요. 그동안 숟가락으로 자주 녹차 혼합물을 저어주세요. 자주 저을수록 아이스크림 색이 고와지고 맛도 한결 부드러워져요.

뿌리칠 수 없는 부드러운 유혹
생크림 스콘

생크림을 넣어 스콘 특유의
뻑뻑한 질감을 줄이고
부드러운 식감을
이끌어냈답니다.
두툼한 스콘 한 개에
따끈한 홍차 한 잔을
곁들이는 여유,
잊지 말고 꼭 챙기세요.

재료 15~20개분

박력분 약 5와1/2컵(600g), 설탕 약 1컵(150g), 버터 15스푼(150g), 베이킹파우더 5스푼, 크랜베리 혹은 건포도 2컵, 생크림 1컵, 우유 9/10컵(180ml), 달걀 2개, 밀가루 약간, 버터나 잼 적당량

1 박력분, 설탕, 베이킹파우더를 한데 섞은 뒤 실온에 두어 부드러워진 버터를 넣고 손바닥으로 비벼가며 섞어요.

2 생크림, 우유를 넣고 주걱으로 젓다가 크랜베리(혹은 건포도)를 넣고 잘 치대어 탄력 있는 스콘 반죽을 만들어요.

3 도마에 밀가루를 살짝 뿌린 뒤 스콘 반죽을 얹어요. 손바닥으로 꾹꾹 눌러가며 반죽을 밀고 양쪽으로 접기를 여러 번 반복해 사각 모양을 만들어요.

4 사각형으로 성형한 반죽을 면보자기에 싼 뒤 서늘한 곳에서 15분간 휴지시켜요.

5 도마에 다시 밀가루를 뿌리고 반죽을 올려 밀대를 이용해 2.5cm 두께로 밀어준 뒤 사방 5cm 크기로 썰어요.

6 오븐트레이에 유산지를 깔고 반죽 조각들을 가지런히 배열해요. 작은 그릇에 달걀을 푼 뒤 각각의 스콘 반죽 위에 달걀물을 바르고, 2분 뒤에 달걀물을 덧발라 윤기를 더해요. 200℃로 예열된 오븐에서 20분간 구운 뒤 버터나 잼을 곁들여 드세요.

13

인생은 아름다워

크랜베리 쇼트브레드

너와 오붓한 티타임을
누려보고 싶어 오직 너와 나를
위해 구워본 비스킷이야.
뜨거운 물에 홍차를 우리고
섬세한 홍차의 향이
손끝에서 가슴으로
전해오면….
'그래, 이게 바로
너와 내가 꿈꿔왔던
그 행복이야.'

재료 20개분

크랜베리 혹은 건포도 1과1/3컵, 버터 1과1/4컵(250g), 설탕 1과 1/4컵(200g), 박력분 약 2와4/5컵(300g), 쌀가루 혹은 밀가루 약 1컵(100g), 바닐라액 0.3스푼

크랜베리

1. 버터, 바닐라액, 설탕을 섞어 부드러워질 때까지 휘저어요.

> 버터와 바닐라액은 미리 냉장고에서 꺼내 찬기를 없앤 뒤 사용하세요.

2. 박력분과 쌀가루(혹은 밀가루)를 체 쳐 ①과 섞은 뒤 주걱으로 잘 젓다가 크랜베리(혹은 건포도)를 넣고 고르게 섞어 반죽을 완성해요.

3. 오븐용기에 유산지를 깔고 반죽을 넣고 숟가락을 이용해 2cm 두께로 꾹꾹 눌러가며 평평하게 펴준 뒤 175℃로 예열된 오븐에서 30분간 구워요.

4. 오븐에서 꺼내 식히고, 원하는 모양틀로 찍어내요. 칼로 사각형이나 삼각형으로 잘라도 돼요. 모서리 등에 튀어나온 크랜베리는 칼로 정리해요.

Bonus recipe

마음의 쉼표, 잉글리시 밀크티

영국의 음식문화를 얘기할 때 빼놓을 수 없는 것이 바로 차(tea)예요. 전쟁 중에도 꼬박꼬박 차를 챙겨 마실 정도로 영국인에게 있어 차는 문화적으로 아주 중요한 위치를 차지하죠. 일반 가정에서는 물론 직장에서도 오후 3~4시가 되면 일손을 놓고 쉬면서 딸기잼이나 블루베리잼을 바른 스콘이나 오트밀쿠키를 곁들여 차를 마셔요. 밀크티는 만드는 순서를 엄격하게 지켜야 제 맛을 즐길 수 있어요. 우선 차주전자에 홍차를 넣고 뜨거운 물을 부은 뒤 몇 분간 우려요. 차가 입맛에 맞게 우러나면 찻잔에 붓고 우유를 넣은 뒤 설탕을 넣어 마시면 됩니다.

Part 04

입맛을 사로잡는 어린이간식

패스트푸드나 즉석요리 제품만 찾는 우리 아이들의 잘못된 편식습관은
어렸을 때 꼭 고쳐주어야 해요. 아이들이 그 음식을 왜 싫어하는지에
관심을 가지고 싫어하는 음식들과 친해질 수 있도록 방법을 찾아보세요.
그리고 아이들이 좋아하는 음식은 무엇인지도 곰곰히 생각해보시고요.
약간의 센스를 발휘해서 커팅과 조리법을 조금만 달리 하셔도
우리 아이들이 거부감 없이 건강한 맛에 친숙해질 수 있답니다.

01

거부할 수 없는 맛
데리야끼 치킨

이웃 중에 데리야끼 치킨을
너무나 사랑하는
한 아이가 있어
이 요리를 자주 하게 돼요.
데리야끼소스의 짭조름한
전주곡, 토실토실한 닭의
육질, 코끝에서 톡 쏘는
연겨자의 깔끔한 마무리가
있어 그 아이의 젓가락질은
오늘도 아주 바쁘답니다.

재료 2인분

뼈를 제거한 닭고기 약 3줌(500g), 식용유 1스푼, 소금·후춧가루 약간씩, 연겨자 적당량
데리야끼소스 일본간장 혹은 다시마간장 5스푼, 맛술 2.2스푼, 청주 2.2스푼, 설탕 1.5스푼

1
닭고기는 소금과 후춧가루를 살짝 뿌려 밑간을 하고, 분량의 재료를 한데 섞어 데리야끼소스를 만들어요.

2

팬에 식용유를 둘러 중불로 달군 뒤 닭고기를 껍질이 바닥으로 향하게 놓고 4~5분간 구워요. 닭고기를 뒤집어서 3~4분가량 바삭하게 굽고 키친타월에 올려 기름기를 적당히 빼요. 팬에 남은 기름은 버리지 마세요.

3
닭고기를 구웠던 팬에 미리 준비한 데리야끼소스를 넣고 센 불에서 끓여요. 소스가 끈적일 정도로 농도가 진해지면 기름기를 뺀 닭고기를 넣고 고루 버무려요.

4

닭고기를 한 입 크기로 잘라 연겨자를 찍어 드세요.

짭조름한 채소절임을 곁들이면 좋아요.

Bonus recipe

데리야끼 치킨으로 집에서 만든다, 라이스버거

재료(2인분) 데리야끼 치킨 2덩어리, 밥 2공기, 얇게 썬 오이 4~5장, 로켓 혹은 양상추 1작은줌, 올리브오일 적당량, 식용유 적당량, 고추냉이마요네즈(마요네즈 5스푼, 연겨자 혹은 고추냉이 0.1스푼)

넓고 평평한 쟁반이나 오븐트레이에 올리브오일을 살짝 바르고 밥을 평평하게 펴 담은 뒤 고루 눌러요. 올리브오일을 밥에 살짝 발라 식힌 뒤 쿠키 틀이나 밥공기를 이용해 동그랗게 모양을 찍어내요. 이때 틀을 뜨거운 물에 담갔다가 찍으면 밥알이 들러붙지 않아요. 찍어낸 밥은 마른 팬에 넣어 중불에서 앞뒤로 노릇노릇하게 구워요. 구운 밥 한 개를 깔고 그 위에 얇게 썬 오이와 로켓 혹은 양상추를 얹고 데리야끼 치킨을 올린 다음 고추냉이마요네즈를 고루 바르고 구운 밥을 덮어 완성해요.

02
가끔은 동심으로
스낵전

호박부추전에
아이들이 좋아하는 치즈를
얹어 바삭하게 구워
스낵처럼 먹는 메뉴예요.
한 번 맛본 아이들은
이 스낵전이 눈에 띄면
그 고사리 같은 손길을
바쁘게 움직인답니다.
아이들은 물론 어른들도
부담 없이 즐길 수 있어요.

재료 4인분

애호박 2/3개, 부추 1/5단, 슬라이스 치즈 2~3장, 찹쌀가루 1.5스푼, 식용유 적당량, 토마토케첩 적당량
부침 반죽 밀가루 혹은 부침가루 약 1과3/5컵(175g), 우유 1과1/4컵, 달걀 2개, 올리브오일 4.5스푼, 소금 약간

1

애호박은 가늘게 채 썰고 부추는 3~4cm 길이로 썰어요. 슬라이스 치즈는 길게 채 썰어 접시에 띄엄띄엄 올린 뒤 냉장고에 잠시 보관해요.

2

큰 그릇에 밀가루(혹은 부침가루), 우유, 달걀을 넣고 거품기로 한 방향으로 휘저은 뒤 올리브오일을 넣고 소금으로 간해 부침 반죽을 완성해요.

3

손질한 부추와 애호박은 찹쌀가루에 골고루 버무린 뒤 부침 반죽에 넣고 고루 섞어요.

4

팬에 식용유를 두르고 예열해요. 팬이 뜨겁게 달궈지면 부침 반죽을 한 숟가락씩 떠서 올려 노릇노릇하게 지져요.

5

스낵처럼 바삭하게 구워요!

부침개 가장자리가 바삭하게 익으면 뒤집어요. 냉장고에서 치즈를 꺼내 전 위에 격자로 무늬를 내며 얹어요. 치즈가 살짝 녹고, 전이 바삭하게 구워지면 토마토케첩을 찍어 먹어요.

03

떡볶이 세계의 맛깔 나는 파란
닭떡볶이

떡볶이에 닭고기를 더했더니 든든한 한 끼 식사가 부럽지 않아요. 성장하는 아이들에게 좋은 간식이기도 하지만 군것질을 좋아하는 어른들에게도 더 없이 반가운 든든한 브런치 메뉴랍니다.

 **재료 4인분**

떡볶이 떡 500g, 닭고기 1/2마리, 쫄면 1/2줌(100g), 물 5컵, 치킨스톡 0.2스푼, 파 2대, 양파 1개, 당근 1개, 통깨 0.3스푼
양념 고추장 5스푼, 설탕 4~5스푼, 다진 마늘 1스푼, 참기름 0.3스푼, 진간장 1~2스푼, 맛술 1스푼

1 닭고기는 토막 내어 양념에 고루 버무린 뒤 간이 고루 밸 수 있게 20~30분간 재워요. 그동안에 파는 어슷하게 썰고, 양파와 당근은 떡볶이 떡 길이로 채 썰어요.

2 떡볶이 떡은 끓는 물에 살짝 데친 뒤 체에 밭쳐 물기를 빼요.

3 양념에 재운 닭고기는 그릇에 남은 양념째 냄비에 쏟아 넣고 채 썬 양파를 넣고 분량의 물을 부어 센 불에서 끓여요.

4 국물이 끓어오르면 불을 낮추고 치킨스톡을 넣어 20~25분간 조려요.

5 닭고기에 양념이 고르게 배어 익으면 쫄면과 채 썬 당근을 넣고 10분가량 더 조려요.

6 쫄면이 어느 정도 익으면 데친 떡볶이 떡을 넣고 3~4분간 더 조린 뒤 어슷 썬 파를 넣고 불에서 내려요. 통깨를 뿌려 내세요.

04

수플리는 파머산치즈와 달걀을 섞은 뜨끈뜨끈한 밥에 모차렐라치즈를 한 덩이 넣고 빵가루를 묻혀 바삭하게 튀긴 이탈리안 라이스 크로켓이에요. 포크로 수플리를 반으로 크게 가르면 부드러운 모차렐라치즈가 접시 위로 살포시 흘러내리죠. 아~ 이 부드러운 감동에 한순간 가슴이 뭉클해져요.

부드러운 치즈가 사르르~
수플리

재료 3인분

쌀 또는 리조또쌀 1과1/3컵(220g), 다진 양파 1/2개분, 뜨거운 물 3과3/4컵, 치킨스톡 1.5스푼, 달걀 1개, 파머산치즈가루 4.5스푼, 모차렐라치즈 1컵(80g), 빵가루 1과2/3컵(75g), 바질잎 9장, 버터 2스푼, 소금·후춧가루 약간씩, 튀김기름 적당량, 토마토소스(236쪽 참조) 적당량

1 팬에 버터를 넣어 약불에서 녹이다가 다진 양파를 넣어 3~4분간 볶아요. 그동안 치킨스톡은 뜨거운 물에 넣어 녹이고, 모차렐라치즈는 9조각으로 나누세요.

2 양파가 부드러워지고 투명해지면 쌀(혹은 리조또쌀)을 넣고 1분간 저으며 볶다가 치킨스톡 녹인 물을 조금씩 부으며 쌀이 크리미하게 익을 때까지 20~30분가량 저어주세요.

3 쌀이 부드럽게 익으면 불에서 팬을 내리고 파머산치즈가루와 달걀을 풀어 넣고 소금과 후춧가루로 간하여 수플리 반죽을 완성해요. 반죽은 오븐트레이나 넓은 쟁반에 펼쳐 식혀요.

4 반죽이 식으면 9등분을 해 손바닥에 1등분의 반죽을 올리고 바질잎 1장과, 모차렐라치즈 1조각을 넣고 반죽을 감싸 크로켓 모양으로 만들어요.

5 성형된 수플리 반죽을 빵가루가 담겨 있는 그릇에 굴려 빵가루를 고루 묻혀요.

6 튀김기름을 180℃로 달군 뒤 빵가루를 묻힌 수플리 반죽을 넣고 4분가량 노릇노릇하게 튀겨요. 튀긴 수플리는 키친타월에 올려 기름기를 뺀 뒤 토마토소스와 함께 내요.

05

어린 시절에 맛보았던 퓨전 군것질
자장떡볶이

초등학교 시절 방과 후면
어김없이 학교 근처
포장마차로 친구들과 우르르
몰려가 매일같이 먹어댔던
자장떡볶이의 맛을 그리며
내 어린 시절, 아련했던
그 친구들과의 추억을
떠올려봅니다. 그 친구들도
저처럼 이 떡볶이를
가끔은 그리워하겠죠?

재료 2인분

떡볶이 떡 500g, 당근 1/2개, 애호박 1/2개, 쇠고기 1작은줌(100g), 양파 1/2개, 불린 표고버섯 5장, 파 1대, 다시마&가다랑어국물 혹은 멸치&다시마국물 2와1/4컵, 식용유 2스푼, 통깨 약간
자장소스 자장 3스푼, 고추장 3스푼, 설탕 1.5스푼, 맛술 2스푼, 다진 마늘 1스푼, 진간장 1스푼, 참기름 1스푼, 후춧가루 약간

1. 당근, 애호박, 쇠고기, 불린 표고버섯, 파, 양파는 얇게 채 썰어요.

2. 떡은 끓는 물에 살짝 데친 뒤 체에 밭쳐 물기를 빼요.

3. 분량의 재료들을 고루 섞어 자장소스를 만들어요.

4. 오목한 팬에 식용유를 두르고 예열해요. 팬이 뜨겁게 달궈지면 채 썬 양파와 쇠고기를 넣고 10~20초간 볶다가 채 썬 당근·표고버섯·애호박 순으로 넣고 계속 볶아요. 채소가 익기 시작하면 자장소스를 넣고 고루 섞어가며 볶아요.

5. 채소에 양념이 고르게 배면 다시마&가다랑어국물(혹은 멸치&다시마국물)을 붓고 끓여요.

6. 채소가 푹 익으면 데친 떡을 넣어요. 떡이 익으면 채 썬 파를 넣어요. 자장떡볶이를 그릇에 옮겨 담고 통깨를 살짝 뿌려 내요.

06

재료가 친절해요
콜라닭

중국 친구에게서 전수받은
콜라닭조림에 고추기름을
넣어 나름 칼칼한 맛이 가미된
발칙표 콜라닭이에요. 아이들
간식 메뉴로도 인기가 좋지만
초대요리 메뉴로도 손색없죠.
저렴하지만 그 맛과 양이
무지하게 풍성한
퓨전 닭조림이랍니다.

 **재료 4인분**

닭날개&닭봉 6~7개씩(1kg), 콜라 3과1/4컵(650ml), 진간장 5~6스푼, 편 썬 마늘 10쪽분, 송송 썬 파 1대분, 고추기름 혹은 칠리오일 2~3스푼, 통깨 0.5스푼, 물냉이 1줌

물냉이

물냉이는 워터크래스 혹은 크래송으로 불려요. 알싸한 맛이 입 안을 개운하게 해준답니다.

1
닭날개는 털을 뽑고 관절을 중심으로 잘라요.

2
뜨겁게 달군 팬에 고추기름(혹은 칠리오일)을 두르고 송송 썬 파와 편 썬 마늘을 넣어 볶아요.

각자의 입맛에 따라 고추기름의 양을 가감하세요.

3
매운 향이 피어오르면 손질해둔 닭날개를 넣고 간장으로 간을 맞춰 볶아요. 닭날개 표면이 노릇노릇하게 익었다 싶으면 콜라를 붓고 30~40분간 조려요.

4
국물이 자작하게 졸아들면 그릇에 옮겨 담고 통깨와 물냉이를 얹어 내요.

콜라닭과 찰떡궁합, 일본식 코울슬로

재료(4인분) 얇게 채 썬 무 2줌, 소금 0.2스푼, 채 썬 당근 1개분, 채 썬 배추 1/6포기, 어슷 썬 파 약간, 흑임자 약간, 니뽄풍 코울슬로드레싱(239쪽 참조) 적당량

연겨자를 넣어 느끼함을 쏙 뺀 퓨전 샐러드예요. 얇게 채 썬 무에 소금을 넣고 15분가량 절인 뒤 물기를 꼭 짜요. 그런 다음 큰 그릇에 넣고 채 썬 당근과 채 썬 배추를 한데 섞어요. 접시에 채소를 담고 어슷 썬 파와 흑임자를 뿌리고 니뽄풍 코울슬로드레싱을 뿌려 마무리합니다.

07

미소 속에 빠진
주먹밥구이

푸르름으로 가득한 눈부신
가을날에 사랑하는 사람의
손을 꼭 잡고
고추잠자리를 길동무 삼아
소풍을 떠나보세요.
길을 걷다가 뱃속에서
귀뚜라미 시계가 울리면
코스모스길 한편에
작은 자리를 펴고
귀뚜라미 시계를 잠재우며
행복한 주말 오후의 햇살을
즐겨보세요.

재료 8개분

따끈한 밥 4공기, 고마곤부(일본식 다시마조림) 6스푼(40g), 식용유 1.5스푼, 참기름 1스푼, 지리멸치 7.5스푼, 식초 4.5스푼, 설탕 1.5스푼
미소소스 미소 2스푼, 맛술 0.7스푼, 설탕 0.2스푼
간장소스 일본간장 2스푼, 맛술 1스푼, 참기름 0.2스푼, 설탕 1스푼

고마곤부

고마곤부는 다시마를 얇게 채 쳐서 간장과 설탕으로 맛을 내고 참깨를 듬뿍 넣어 만든 짭조름한 맛이 일품인 일본식 밥반찬이랍니다.

1
따끈한 밥에 식초와 설탕을 넣고 부채로 식혀가며 주걱으로 고루 섞어요.

2
식용유를 두른 팬에 지리멸치를 넣고 살짝 볶은 뒤 ①의 밥에 넣고 주걱으로 고루 섞어요.

3
삼각김밥 틀에 랩을 깐 뒤 밥을 반 정도 채워넣어요. 중앙에 고마곤부 한 젓가락을 넣고 밥을 마저 채워 꾹꾹 눌러주세요.

4
삼각김밥 틀에서 밥을 꺼내 랩으로 꼼꼼하게 싸서 모양을 단단하게 잡아주세요. 그동안에 분량의 재료들을 섞어 미소소스와 간장소스를 준비해요.

5
모양이 단단하게 잡히면 주먹밥에서 랩을 벗겨요. 주먹밥 한쪽 면에는 미소소스를, 그 반대편에는 간장소스를 붓으로 고루 발라요. 오븐트레이에 유산지를 깔고 참기름을 펴 바른 다음 주먹밥을 올려요. 그릴에 넣고 앞뒤로 뒤집어가며 노릇노릇하게 구워요.

08

이따금 삶이 살짝 지루하게
느껴질 때는 아이의 환한
미소를 떠올리며 빨간
방울토마토와 녹색의
아보카도를 새콤달콤 짭조름한
간장드레싱에 버무린
빛깔 고운 녹차국수 샐러드를
준비해보세요.
그 고운 빛깔만큼이나
지친 마음의 빛깔도
곱게 물들 테니까요.

새콤달콤함으로 입맛 당기는
녹차국수 샐러드

 **재료 2~3인분**

녹차국수 혹은 메밀국수 1줌(200g), 베이컨 4장, 방울토마토 18개, 아보카도 1개, 올리브오일 1스푼, 시금치 아기잎 사귀 2줌(70g), 참깨 0.3스푼, 얇게 채 썬 김 3스푼, 소금 약간
간장드레싱 일본간장 혹은 다시마간장 3스푼, 식초 5스푼, 맛술 2.2스푼, 참기름 1.5스푼, 다진 마늘 0.3스푼, 다진 생강 0.2스푼, 설탕 0.3스푼

1 분량의 재료를 한데 섞어 간장드레싱을 만들어요. 베이컨은 얇게 채 썰어 올리브오일을 두른 팬에 넣고 볶아요. 다 익으면 키친타월 위에 올려 기름기를 빼고요.

2 아보카도는 반으로 갈라 씨를 빼낸 뒤에 깍둑 썰고, 방울토마토는 먹기 좋게 반으로 갈라요.

3 냄비에 물을 넉넉히 붓고 소금을 약간 넣고 끓여요. 물이 팔팔 끓으면 국수를 넣고 삶아요. 국수가 익으면 찬물에 헹궈 체에 밭쳐 물기를 빼요.

4 넉넉한 그릇에 삶은 국수, 볶은 베이컨, 시금치 아기잎사귀, 깍둑 썬 아보카도와 방울토마토를 넣고 간장드레싱을 뿌려 손으로 가볍게 비빈 뒤에 채 썬 김을 얹고 참깨를 뿌려 마무리해요.

Bonus recipe

생강드레싱을 곁들인 두부&토마토 샐러드

재료(4인분) 로켓 2줌, 잘 익은 토마토 2~3개, 두부 1/2모, 생강&간장드레싱(238쪽 참조) 적당량, 바삭하게 구워 얇게 채 썬 김 3스푼

접시에 로켓을 넓게 깔고, 잘 익은 토마토를 8등분해 고르게 얹은 뒤 두부를 지름 1cm로 깍둑 썰어 고루 얹어줍니다. 그런 다음, 생강&간장드레싱을 고루 뿌린 뒤 바삭하게 구워 얇게 채 썬 김을 흩뿌려주세요. 생강은 여자 몸에 아주 좋다고 하네요. 몸에 좋은 두부&토마토 샐러드를 드시고 모든 여자분들 부디 건강하소서~.

09

제가 태어나서 처음으로
먹어본 피자는 형부가
만들어준 피자였어요. 그때는
찐득찐득하고 느끼한
피자치즈가 싫어 형부 몰래
피자치즈와 토핑을 죄다
버리고 빵만 먹었죠.
여전히 느끼한 음식을
좋아하지 않는 저는 피자를
먹게 되면 폭신폭신한 빵만
골라 먹는 별난 식성의
소유자랍니다.

통통함이 매력이다
토마토&베이컨 피자

재료 3~4인분

실온에서 발효해 만든 피자도우(240쪽 참조) 1개, 토마토소스(236쪽 참조) 5~6스푼, 밀가루·옥수수가루 약간씩, 방울토마토 16개, 양송이버섯(큰 것) 4개, 베이컨 4장, 껍질을 벗긴 붉은 피망(232쪽 참조) 1개, 모차렐라치즈 3컵(250g), 로켓 2줌(80g), 올리브오일 3스푼

1 베이컨은 노릇하게 구워 한 입 크기로 썰고, 껍질을 벗긴 붉은 피망은 얇게 채 썰어요.

2 양송이는 모양을 살려 얇게 편 썰어요(양송이의 크기가 작을 경우에는 4등분하세요). 방울토마토는 반으로 가르세요.

3 모차렐라치즈는 손가락으로 적당히 뜯어두어요.

4 옥수수가루를 살짝 뿌린 유산지 위에 피자도우를 올리고 붓으로 올리브오일을 고루 바른 뒤 랩을 씌워 실온에서 15~20분간 휴지시켜요.

5 230~240℃로 예열한 오븐에 피자도우를 넣고 구워요. 7~8분 뒤 오븐에서 꺼내 토마토소스를 넓게 펴 발라요.

갓 구워진 피자에 올리브오일을 뿌려 먹어도 맛있어요.

6 준비한 베이컨, 붉은 피망, 양송이버섯, 방울토마토를 차례로 올리고 모차렐라치즈를 고루 흩뿌린 뒤 오븐에 넣고 15~20분간 더 구워요. 로켓을 얹어 마무리해요.

10

누룽지 비켜!
중화풍 해물라면탕

세상에서 가장 만만한 음식을
꼽으라면 단연 라면이죠.
변신도 참 다양해
조금만 창의력을 발휘하면
훌륭한 요리가 돼요.
저는 중화풍 특급 요리로
변신시켰어요.
중국의 누룽지탕에서 착안해
각종 해산물과 채소를 넣고
만든 소스를
바삭하게 튀긴 라면 위에
끼얹은 라면탕!
색다른 메뉴로 가족들의 입맛을
제대로 감동시켜보세요.

재료 4인분

오징어(몸통만) 3/4마리, 돼지고기 약 1작은줌(100g), 새우(중하) 8마리, 죽순 1개(100g), 붉은 고추 1개, 마늘 3쪽, 청경채 3포기, 통깨 0.2스푼, 라면 2개, 식용유 1/2컵 2~3스푼(120~130ml), 소금 0.3스푼, 후춧가루 약간
소스 물 2와1/4컵, 간장 3스푼, 설탕 0.3스푼, 참기름 0.3스푼, 녹말가루 1스푼, 치킨스톡 1스푼

1
새우는 껍질과 머리를 떼고 이쑤시개로 내장을 빼낸 다음 한 입 크기로 썰어요. 오징어·돼지고기·죽순은 한 입 크기로 썰고, 마늘은 편으로 썰고, 붉은 고추는 어슷하게 썰어요.

2
분량의 재료를 한데 섞어 소스를 만들어요.

물기가 남으면 튀길 때 기름이 튀니 물기는 완전히 빼요.

3
냄비에 물을 넉넉히 붓고 소금을 넣어 끓여요. 물이 끓어오르면 라면을 넣고 삶다가 면이 익으면 찬물에 헹군 뒤 체에 밭쳐 물기를 완전히 빼요.

4
팬에 식용유(1/2컵)를 둘러 예열해요. 팬이 뜨겁게 달궈지면 라면을 넣고 앞뒤로 바삭하게 튀겨요. 튀긴 라면은 키친타월에 올려 기름기를 뺀 뒤 넓적한 접시에 담아요.

5
팬에 식용유(2~3스푼)를 두른 뒤 편 썬 마늘을 넣고 볶아 향을 내다가 돼지고기를 넣고 계속 볶아요. 돼지고기가 어느 정도 익으면 오징어, 새우, 붉은 고추, 죽순 순으로 넣어 볶아요.

6
모든 재료가 익으면 준비한 소스를 부어 보글보글 끓여요. 소스가 끓어오르면 청경채를 한 입 크기로 썰어 넣고 볶다가 청경채의 숨이 죽으면 후춧가루로 살짝 간한 다음 ④의 라면에 끼얹고 통깨를 뿌려 내요.

147

처음 한국에 일본식 돈가스가 상륙했을 때 부드럽게 사르르 녹아내리는 튀김옷에 홀딱 반해 언니를 졸라가며 돈가스집에 여러 번 갔었어요. 함께 나온 양배추 샐러드와 드레싱에도 필이 꽂혀 눈치코치 없이 "양배추 샐러드 추가!"를 여러 번 외치다가 언니 접시에 있던 양배추 샐러드마저 꿋꿋이 뺏어 먹었지요. 이젠 눈치 안 보고 양껏 먹게 되어 너무 행복해요.

탱글탱글한 육질이여, 날아라!
돈가스

 **재료 4인분**

돼지고기 약 2큰줌(420g), 양배추 1/2개, 달걀 1개, 빵가루 약 1과2/3컵(80g), 밀가루 3~4스푼, 튀김기름 적당량, 소금&후춧가루 약간씩, 연겨자 적당량, 돈가스소스 적당량, 양파드레싱(239쪽 참조) 적당량, 레몬 1개

1

양배추는 얇게 채 썬 뒤 지퍼 백에 넣어 냉장고에 하루 정도 보관해요. 이렇게 하면 양배추의 단맛이 우러나 맛이 훨씬 좋아져요.

2

돼지고기를 밀대나 고기망치로 두들겨서 육질을 부드럽게 해준 뒤 소금과 후춧가루를 뿌려 밑간을 해요.

3

밑간된 돼지고기에 밀가루를 얇게 묻히고 달걀을 풀어놓은 물에 담가 달걀옷을 고루 입혀요.

4

달걀옷을 입힌 돼지고기 앞뒤로 빵가루를 꼼꼼하게 묻혀요.

5

튀김기름을 170℃로 달군 뒤 ④의 돼지고기를 넣고 앞뒤로 각각 2~3분씩 튀겨요. 속까지 고루 익으면 키친타월에 올려 기름기를 빼요.

6

완성한 돈가스에 양배추와 양파드 레싱을 함께 곁들여 내요. 연겨자와 돈가스소스는 기본이겠죠? 여기에 레몬을 6등분해서 준비해주시는 센스!

12

김치의 찬란한 변신
김치버거

아이부터 어르신까지
남녀노소가 함께 즐길 수 있는
기특한 메뉴랍니다.
패스트푸드점의 햄버거 맛을
한 방에 초라하게 만드는
막강 퓨전 메뉴!

재료 4인분

햄버거 빵 4개, 붉은 양파 1/2개분, 토마토 1개, 양상추 1큰줌, 슬라이스한 체다치즈 4장, 버터 2스푼
패티 다진 쇠고기 약 3줌(500g), 다진 김치 1/5포기분(180g), 우유 9스푼, 빵가루 9스푼, 달걀 1개, 후춧가루 약간
소스 다진 풋고추 1개분, 양파 1/3개, 치킨스톡 0.1스푼, 홀그레인머스터드 1스푼, 진간장 3스푼, 타바스코소스 0.3스푼, 설탕 1스푼, 녹말물(녹말가루와 물 0.8스푼씩), 토마토케첩 2스푼, 물 10스푼

1

빵가루는 분량의 우유에 넣어 불린 뒤 다진 쇠고기, 다진 김치, 달걀, 후춧가루와 섞어 탄력이 생길 때까지 열심히 치대주세요. 반죽된 쇠고기는 동그랗게 손으로 빚어 패티를 만들어요.

2
녹말물을 제외한 소스 재료를 한데 넣고 끓여요. 보글보글 끓어오르면 녹말물을 넣고 농도를 끈적하게 조절해서 소스를 완성해요.

3

붉은 양파와 토마토는 얇게 슬라이스하고, 양상추는 한 입 크기로 찢어요.

4

반드시 오븐에 넣어도 되는 팬을 사용하세요!

오븐용 팬을 중불에 올려 살짝 예열한 뒤 분량의 버터를 넣어 녹여요. 버터가 다 녹으면 패티를 넣고 앞뒤로 노릇하게 구워요.

5

팬째 230℃로 예열된 오븐에 넣고 12~15분간 익혀요. 오븐에서 패티를 꺼내기 3~4분 전에 준비한 체다치즈를 얹어 다시 오븐에 넣고 남은 시간 동안 계속 조리해요.

6

반으로 가른 햄버거 빵을 깔고 양상추, 붉은 양파, 토마토 순으로 얹은 뒤 체다치즈가 먹기 좋게 녹아내린 패티를 올려요. 준비해둔 소스를 끼얹고 다른 햄버거 빵으로 덮어 완성해요.

13

부드러운 태국의 맛
그린치킨커리

저는 이 커리를
요리할 때마다 세상에서
가장 부드러운 미소를 가진
태국인 친구를 떠올려요.
제가 아프기라도 하는 날이면
서툰 솜씨를 발휘해
이 커리를 만들어다 주곤
했거든요. 그린치킨커리는
그 태국인 친구의 부드러운
마음씨를 너무나
닮아 있는 것 같아요.

재료 4인분

닭가슴살 2줌(320g), 베이비가지 혹은 가지 약 3개(300g), 아스파라거스 혹은 껍질콩 1줌(75g), 붉은 고추 1/3개 혹은 태국 붉은고추 1개, 식용유 1스푼, 그린커리 페이스트 3스푼, 코코넛밀크 2와3/5컵, 피시소스 0.3스푼, 설탕 1스푼, 다진 갈랑갈 혹은 다진 생강 0.3스푼, 냉동 혹은 마른 라임잎 5~7장, 바질잎 1작은줌

> 갈랑갈은 생강의 한 종류로 태국 요리에 향신료로 많이 쓰여요. 생강보다는 맛과 향이 훨씬 강해서 제대로 된 태국 요리를 맛보고 싶다면 꼭 갈랑갈을 쓰도록 하세요!

1 닭가슴살과 베이비가지(혹은 가지)는 한 입 크기로 자르고, 아스파라거스는 2등분하고, 붉은 고추는 얇게 채 썰어요.

2 오목한 팬에 식용유를 두르고 닭가슴살을 넣고 몇 분 볶다가 그린커리 페이스트를 넣고 더 볶아요.

3 닭고기와 그린커리 페이스트가 고루 섞이면 코코넛밀크, 피시소스, 설탕 순으로 넣고 중불에서 5분 정도 끓여요. 이때 피시소스는 각자의 입맛에 따라 양을 조절해가며 넣으세요.

4 베이비가지를 넣고 끓여요. 베이비가지가 어느 정도 익으면 아스파라거스를 넣고 계속 끓여요.

5 베이비가지와 아스파라거스가 익으면 다진 갈랑갈(혹은 다진 생강)과 라임잎을 넣어 끓인 뒤 그릇에 옮겨 담고 바질잎과 채 썬 붉은 고추로 장식해서 내세요.

> 라임잎이 없으면 넣지 않으셔도 돼요.

Part 05

정성이 담뿍 담긴 다소곳한 어른접대 요리

어르신을 대접할 일을 앞두고 막막해지는 순간에 만나면 아주 반가울 요리들을
모았어요. 어르신들의 마음을 얻고, 음식 맛에 대한 칭찬을 듣는 일은
쉬운 일이 아니라고 하지만 그 분들에 대한 정성과
애정을 담뿍 담아 요리를 한다면 그리 어렵지는 않아요.
담백하고, 뒷맛 깔끔하고, 소화를 돕는 요리들로 어르신들과
행복 만찬을 즐기고 칭찬까지 아낌없이 들으세요.

01
부들부들 럭셔리한 맛
오키나완 삼겹살

삼겹살의 맛에도
품격이 있답니다.
조리법만 조금 달리 하면
삼겹살도 얼마든지
우아해질 수 있어요.
일본 류큐 왕실이 즐겼다는
오키나와 지방의
궁중 삼겹살찜!
그 럭셔리한 삼겹살 맛을
집에서 우아하게 즐기세요.

재료 4인분

통삼겹살 1kg, 식용유 3스푼, 편 썬 생강 1줌(100g), 다시마&가다랑어국물 2와1/2컵, 청주 약 4/5컵(170ml), 맛술 6스푼, 흑설탕 1/2컵, 일본간장 5/8컵(125ml), 청경채 3포기, 소금 1스푼, 연겨자 적당량

삼겹살

통삼겹살은 1.5cm 정도의 두께에 너비는 5cm 정도로 썰어 조리하세요.

1
넓적한 팬에 식용유를 두르고 삼겹살을 올려 센 불에서 3~5분가량 앞뒤로 뒤집어가며 구워요.

2
삼겹살이 노릇노릇 살짝 익으면 뜨거운 물에 2번 정도 헹궈 기름기를 없애요.

3
헹궈낸 삼겹살과 편으로 썬 생강을 오목한 냄비에 넣고 물을 넉넉히 부어 센 불에서 끓여요. 물이 끓어오르면 불을 낮추고 2시간 이상 무르도록 익힌 다음 삼겹살을 따로 건져 접시에 담아요. 국물과 생강은 버리세요.

4
냄비에 다시마&가다랑어국물, 청주, 맛술, 흑설탕, 일본간장을 넣고 센 불에서 끓여요. 설탕이 녹으면 삼겹살을 넣어요. 국물이 끓어오르면 불을 약하게 조절하고 이따금 뒤집어가며 1시간가량 더 조려요.

만들기 ⑤~⑧은 다음 페이지에 있어요.

5 불에서 냄비를 내리고 20분이 지나면 삼겹살을 꺼내 그릇에 옮겨 담아 따뜻하게 보관하세요. 국물은 버리지 마세요.

6 삼겹살을 조린 국물은 센 불에서 5분가량 끓여 소스를 만들어요. 끈적끈적하게 소스가 완성되면 불을 끄고 삼겹살을 다시 넣어 고루 버무려요.

5분 정도 끓이면 국물이 시럽처럼 걸쭉해져요.

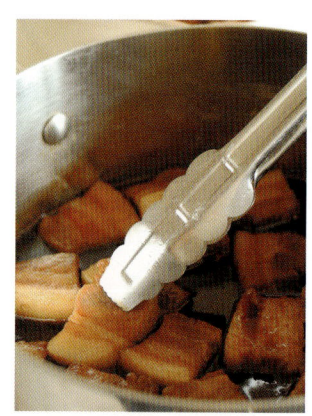

7 청경채는 줄기 부분에 칼집을 살짝 넣어 소금을 넣은 끓는 물에 데친 다음 찬물에 헹궈 물기를 짜두세요.

8 접시에 청경채를 둘러 담고 삼겹살을 가운데에 담은 뒤 연겨자와 함께 내요. 청경채 잎부분에 삼겹살을 얹고 둘둘 말아 따뜻한 밥과 함께 드세요.

02
아름다운 마음에서 우러난 깊은 맛
마파두부

곰보 할머니가 만든
두부요리라고 해서
'마파두부'라는 근사한
이름을 갖게 된
사천요리예요.
'너무나도 흔한 재료를
가지고 이토록 눈부신 맛을
그려낼 수 있다니!'
이 두부요리를 맛볼 때마다
감동을 한답니다.
마파두부를 요리하다 보면
하나의 요리는 뜨거운 불길
속에서 정성을 다해 요리하는
사람의 마음을 고스란히
담아낸 한 편의 시와 같다는
생각이 절로 듭니다.

만들기는
다음 페이지에 있어요.

 **재료 4인분**

두부 2모, 다진 돼지고기 1줌(150g), 다진 새우(중하) 2~3마리분(50g), 마늘 3쪽, 불린 표고버섯 5장, 파 2대, 풋고추 1개, 붉은 고추 1개, 양파 1/2개, 짜차이(중국식 절임무) 1/3캔(120g), 소금 0.2스푼, 고추기름 3스푼, 물 2컵, 녹말물(녹말가루와 물 3.5스푼씩), 두반장 5~6스푼, 설탕 1스푼, 참기름 0.2스푼, 굴소스 0.7스푼, 후춧가루 약간
돼지고기양념 진간장 0.5스푼, 다진 생강 0.1스푼, 후춧가루 약간

1 두부는 사방 1.5cm 크기로 깍둑 썬 뒤 소금을 살짝 뿌려 20분간 실온에 두세요. 이렇게 하면 두부 안의 수분이 빠져 나와요.

2 끓는 물에 두부를 살짝 데친 뒤 체에 밭쳐 물기를 빼요.

3 짜차이는 2~3번 정도 헹군 뒤 30분가량 물에 담가두었다가 물기를 꼭 짜서 짠맛을 빼요. 다진 돼지고기는 양념에 조물조물 버무려 잠시 재우고요.

4 마늘은 얇게 편 썰고, 표고버섯·파·풋고추·붉은 고추·양파·짜차이는 잘게 다져요.

5

고추기름을 둘러 뜨겁게 달군 팬에 마늘과 양파를 넣고 볶아요.

6

양념이 밴 다진 돼지고기를 넣어 볶아요. 돼지고기가 어느 정도 익으면 다진 새우를 넣고 볶다가 표고버섯, 짜차이, 고추, 파를 넣어 계속 볶아요.

7

재료들이 어느 정도 어우러지면 두반장, 설탕, 굴소스, 후춧가루를 넣고 고루 섞어요. 양념이 잘 섞이면 분량의 물을 넣고 끓여요.

8

국물이 끓어오르면 데친 두부를 넣고 골고루 섞은 다음 녹말물을 넣어 국물이 걸쭉해지도록 농도를 조절해요. 마지막으로 참기름을 살짝 떨어뜨려 고소한 향을 내요.

Bonus recipe

배꽃을 피우다, 배숙

재료(4인분) 배 2개, 통후추 30알, 물 5와1/2컵(1.1L), 생강 엄지손가락 1마디 크기 1톨(15g), 설탕 5스푼, 잣 약간, 설탕물(설탕 0.3스푼, 물 2컵)

배 2개를 적당한 두께로 썬 뒤 꽃잎 모양 틀로 찍어내 설탕물에 담가요. 통후추를 배 조각에 하나씩 꽂아요. 깨끗한 냄비에 분량의 물을 붓고 얇게 편 썬 생강을 넣어 10분간 끓여요. 생강이 잘 우러나면 설탕과 배 조각을 조심스럽게 넣고 약불에서 5분간 더 끓여요. 5분이 지나면 배 조각을 밀폐용기에 담고 생강은 건져 버려요. 생강국물은 버리지 말고 완전히 식혀 배꽃을 담은 밀폐용기에 부어 냉장고에 보관합니다. 먹을 때는 잣을 몇 개씩 띄워 드세요.

03

채소의 품에 안기다
채소 돌솥밥

입맛을 잃어버린 어르신이
주변에 계시다면
부드럽게 씹히는 재료들을 넣고
밥을 지어보세요.
맛이 자극적이지 않고 담백해
어르신들의 영양식으로
아주 좋은 메뉴랍니다.

 **재료 4인분**

쌀 2와1/3컵(400g), 당근 1/2개, 유부 1~2장, 곤약 1줌, 불린 표고버섯 4장, 한 입 크기로 자른 닭고기 1작은줌, 일본간장 혹은 다시마간장 6스푼(60ml), 설탕 3스푼, 다시마국물 2와1/2컵(500ml)

1

쌀은 씻어서 1~2시간가량 물에 충분히 불려요.

2

유부는 끓는 물에 살짝 데쳐서 기름기를 뺀 다음에 채 썰어요. 당근, 불린 표고버섯, 곤약은 얇게 채 썰어요.

3

그릇에 일본간장(혹은 다시마간장), 설탕, 다시마국물을 넣고 섞어요. 여기에 준비한 닭고기, 당근, 유부, 표고버섯, 곤약을 넣어 고루 섞은 뒤 10~20분간 재워요.

4

불린 쌀을 물에서 건져 냄비에 넣고 ③을 넣어 고루 섞어요.

전기밥솥에서 간편하게 밥을 지어도 돼요.

5

냄비의 뚜껑을 닫고 센 불에 끓여요. 국물이 끓기 시작하면 재빨리 불을 낮춰 중약불에서 계속 끓여요. 15분 뒤에 불을 끄고 뚜껑을 닫은 채 10분간 뜸을 들여요. 뜸이 다 들면 주걱으로 휘휘 섞어 채소와 닭고기가 고르게 들어가도록 밥그릇에 담아요.

04

어려운 경쟁을 뚫고 처음 원하던 회사에 입사한 그 해 추석에 갈비 세트를 선물로 받아 왔어요. 그것을 보시며 뿌듯해하시던 어머니의 미소가 아직도 눈앞에 생생해요. 발그레한 얼굴을 숨기지 못한 채 딸아이가 회사에서 받아온 갈비로 만들었다며 수줍은 손길로 갈비찜을 할아버님 상에 올리시던 어머니의 모습만 생각하면 가슴이 살짝궁 뭉클해집니다.

부드러움을 만난다
갈비찜

재료 4인분

쇠갈비(찜용) 1.2kg, 무 2/3개, 당근 2개, 마른 고추 3개, 대추 8개, 밤 8개, 은행 15개, 불린 표고버섯 5장, 대파 2대, 달걀 황백지단(231쪽 참조) 1/2인분, 참기름 1스푼
갈비 양념 갈은 배 3/4컵(150ml), 양파 2/3개, 진간장 3/5컵(120ml), 청주 4.5스푼, 참기름 1.5스푼, 설탕 6스푼, 다진 마늘 3스푼, 다진 생강 0.1스푼, 깨소금 1스푼, 후춧가루 약간

1

갈비는 기름 부위를 떼어내고 군데군데 칼집을 넣은 뒤 물을 2~3번 갈아가며 1~2시간 정도 담가 핏물을 빼세요. 핏물을 뺀 갈비는 흐르는 물에 헹군 뒤 물기를 빼요.

2

분량의 재료를 섞어서 갈비 양념을 만들어요.

3

갈비 양념에 손질한 갈비를 넣어 버무린 다음 대파를 송송 썰어 넣고 반나절 혹은 하룻밤 정도 냉장고에서 재워요.

4

양념에 재운 갈비는 냄비에 넣고 갈비가 살짝 잠길 정도로 물을 부어요. 마른 고추를 넣고 약한 불에서 4~5시간 조려요.

5

불린 표고버섯은 채 썰고, 대추는 칫솔로 주름 사이사이를 깨끗이 닦고, 밤은 껍데기를 벗기고, 무와 당근은 밤알 크기로 썰어요. 은행은 망치나 펜치로 겉껍데기를 까 참기름을 두른 팬에 볶은 뒤 키친타월에 올려 살살 비벼 속껍질을 벗겨요.

6

갈비가 부드럽게 익으면 손질한 표고버섯, 대추, 밤, 무, 당근을 넣고 1~2시간 정도 국물이 자작할 때까지 뭉근히 조려요. 다 조려지면 그릇에 갈비를 담고 은행과 달걀 황백지단을 가지런히 올려 내세요.

05
조화로움의 미학
탕평채

"세상의 모든 이치는 조화로움에 있다."
사각거리는 채소와 쫄깃한 육질, 그리고 매끈한 청포묵의 감촉이 어우러져 영양학적으로도 완벽한 요리예요. 영조대왕이 펼친 탕탕평평의 어진 지혜가 돋보이는 음식이랍니다.

재료 4인분

청포묵 1모, 채 썬 쇠고기 1작은줌, 숙주 1큰줌, 미나리 2줌, 가늘게 채 썬 김 1/2장분, 달걀 황백지단(231쪽 참조) 1인분, 불린 표고버섯 3~4장, 진간장 0.3스푼, 설탕 0.2스푼, 참기름 0.3스푼, 식용유 1~2스푼, 소금 약간
쇠고기 양념 설탕 0.2스푼, 다진 파 3스푼, 다진 마늘 0.3스푼, 참기름 0.3스푼, 진간장 1스푼
탕평채 양념 진간장 2~3스푼, 식초 1~2스푼, 설탕 1스푼, 깨소금 1스푼, 참기름 0.3스푼

1 쇠고기는 양념에 조물조물 버무려 1시간가량 냉장고에 보관해요.

2 불린 표고버섯은 가늘게 채 썰어 진간장과 설탕을 넣어 무친 뒤 30분가량 재우고, 청포묵은 1cm 안팎의 두께로 채 썰어 끓는 물에 살짝 데쳐 찬물에 헹궈 물기를 뺀 뒤 참기름과 소금을 넣어 버무려요.

3 달걀 황백지단은 가늘게 채 썰고, 미나리는 적당한 길이로 썰어요.

4 끓는 물에 소금을 약간 넣고 미나리와 숙주를 넣어 데쳐요. 다 데쳐지면 찬물에 헹궈 물기를 빼세요.

5 팬에 식용유를 두르고 양념에 재운 표고버섯과 쇠고기를 넣고 볶아요.

6 준비한 청포묵, 숙주, 미나리, 달걀지단, 표고버섯, 쇠고기를 한데 담고 탕평채 양념을 부어 조물조물 버무린 다음 그릇에 담아요. 가늘게 채 썬 김을 얹어 내요.

06

위장이 좋지 않은
아버지를 위해 밥상에
꼭 올려 드리고 싶은
미소 샐러드예요.
부드러운 이 샐러드를 드시고
아버지의 건강에
언제나 행복한 미소가
깃들기를 소망합니다.

미소가 드리운
미소샐러드

 **재료 6인분**

곤약 1줌(120g), 당근 1개, 표고버섯 6장, 껍질콩 1줌, 다시마&가다랑어국물 1컵, 맛술 1.5스푼, 일본간장 혹은 다시마간장 2스푼
미소&두부드레싱 두부 1/2모, 참깨 4.5스푼, 설탕 1.5스푼, 미소(백미소) 2스푼, 다시마&가다랑어국물 1.5스푼, 진간장 1스푼, 맛술 1.5스푼, 청주 1.5스푼

1. 두부는 면보자기로 감싼 뒤 접시로 2시간가량 눌러 물기를 빼요. 물기가 다 빠지면 포크를 이용해 실크처럼 부드러워질 정도로 곱게 으깨요.

2. 으깬 두부에 분량의 드레싱 재료를 넣고 섞어 미소&두부드레싱을 완성하세요.

3. 곤약은 끓는 물에 넣어 2분간 데쳐 5cm 길이로 썰고, 당근은 5cm 길이로 얇게 썰고, 껍질콩은 2등분하고, 표고버섯은 길이로 채 썰어요.

4. 냄비에 분량의 다시마&가다랑어국물, 맛술, 일본간장(혹은 다시마간장)을 넣고 센 불에서 끓여요. 국물이 끓어오르면 불을 낮추고 손질해놓은 당근, 곤약, 껍질콩을 넣고 3분간 조리다가 표고버섯을 넣고 계속 조려요.

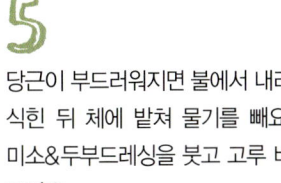

5. 당근이 부드러워지면 불에서 내려 식힌 뒤 체에 밭쳐 물기를 빼요. 미소&두부드레싱을 붓고 고루 버무려요.

07
부드러운 감동
단호박죽

이따금씩 어린 시절에
어머니께서 해주시던
단호박죽이 그리워지곤 해요.
제 어머니의 두 손은
거칠고 투박하지만
그 손길은 언제나
부드럽고 따스하죠.
어머니께서 그려주신
그 맛의 부드러움을
이젠 제가
보답해드리고 싶어요.

재료 8인분

단호박 지름 18cm짜리 1/2개(900g), 물 3과3/4컵, 설탕 5/8컵(100g), 소금 약간, 찹쌀가루 3스푼, 가래떡 30cm 2줄, 단팥죽(184쪽 참조) 혹은 통조림 단팥 2컵(400g)

1
단호박은 8등분해 속의 씨를 발라내고 껍질을 벗겨요. 적당한 크기로 썬 뒤 냄비에 넣고 물을 충분히 부어 속이 무르도록 삶아요.

2
삶은 단호박은 믹서에 넣고 분량의 물을 부어 곱게 갈아요.

각자의 기호에 따라 설탕과 소금의 양을 조절하세요.

3
곱게 간 단호박을 냄비에 넣고 중불로 조리면서 설탕과 소금으로 간을 해요.

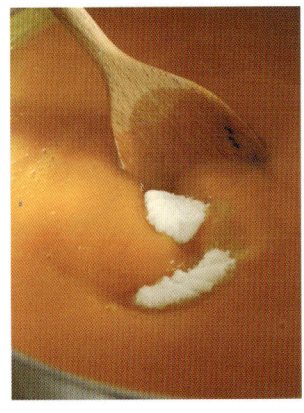

4
호박죽이 거품을 내며 부글부글 끓어오르면 찹쌀가루로 농도를 조절해 단호박죽을 완성해요.

5
김이 오른 찜통에 가래떡을 쫄깃하게 찐 후 한 입 크기로 썰어요.

6
각각의 그릇에 가래떡을 나눠 담고, 그 위에 호박죽을 부어요. 단팥죽(혹은 통조림 단팥) 2~3스푼을 끼얹어 내세요.

08

실크보다 부드러운 맛
일본식 달걀찜

어린 시절 작은 그릇 속에
알록달록 맛깔스럽게 수놓인
푸딩같이 부드러운 일본식
달걀찜을 맛보며 주방장
아저씨의 솜씨를
살짝 시샘했었죠.
그때가 엊그제 같은데
벌써! 이 달걀찜을 만들고
있노라면 나이를 먹는다는 게
나름 즐거워져요.

 **재료 2인분**

닭고기(가슴살) 1작은줌(100g), 표고버섯 2~3장, 일본간장 혹은 다시마간장 0.2스푼, 은행 6개, 모양틀로 예쁘게 찍어낸 어묵 2~4개, 물냉이 약간
달걀찜 베이스 싱싱한 달걀 2개, 다시마&가다랑어국물 1과1/2컵, 청주 0.3스푼, 소금 0.1스푼, 일본간장 혹은 다시마간장 0.3스푼

1 닭가슴살과 표고버섯을 1cm 크기로 깍둑 썬 다음 일본간장(혹은 다시마간장) 0.2스푼을 넣고 가볍게 버무려 간이 고루 밸 때까지 재워두어요.

너무 세게 휘젓지 마세요.

2 달걀 2개를 그릇에 깨 넣고 젓가락을 이용해 한 방향으로 가볍게 휘젓다가 분량의 다시마&가다랑어국물을 조금씩 나눠 부으며 계속해서 한 방향으로 가볍게 휘저으며 섞어요.

3 다시마&가다랑어국물을 다 넣으면 청주, 소금, 일본간장(혹은 다시마간장) 0.3스푼도 넣어 고루 저은 다음 체나 면보자기에 밭쳐 달걀찜 베이스를 완성해요.

4 재워두었던 닭가슴살과 표고버섯을 찜 용기에 담고 그 위에 달걀찜 베이스를 용기가 4/5 정도 차도록 조심스럽게 부어요. 용기째 찜통에 넣고 센 불로 1분간 가열하다가 약불로 조절해서 15분간 더 익혀요.

꼬치로 가운데 부분을 찔러보았을 때 맑은 국물이 나오면 알맞게 익은 거예요.

5 달걀찜에 은행과 어묵을 보기 좋게 얹고 남은 달걀찜 베이스를 용기에 마저 채워 넣고 약불에서 5분가량 더 익혀요. 찜통에서 꺼낸 후 파릇파릇한 물냉이를 보기 좋게 얹어 내세요.

09

피자는 진화한다
쑥해물 피자

향이 고운 쑥갓 피자도우를
각종 채소와 새우로 곱게
장식하고 그 위에
고르곤졸라치즈가 살포시
녹아내리면 야릇한 고소함이
코끝에서 찡하게 메아리
치죠. 알록달록 고운 색실로
수놓은 듯 예쁜 것이,
그 찬란함 또한 눈부셔요.

 **재료 4인분**

양파 1과1/2개, 버터 3스푼, 맛술 약 1/3컵(70ml), 새우(중하) 16마리, 미소 2.2스푼, 다진 마늘 1.5스푼, 만가닥버섯 2~3줌, 느타리버섯 1/2줌, 표고버섯 1/2줌, 올리브오일 2스푼, 고르곤졸라 치즈 250g, 붉은 고추 2개, 파 2대, 옥수수가루 약간
피자도우 강력분 약 4와1/2컵(500g)과 여분의 밀가루, 소금 0.5스푼, 이스트 약 1.5스푼(10g), 올리브오일 1/4컵, 물 1컵 2스푼(220ml), 쑥갓 1/2줌(50g), 미지근한 물 5스푼(50ml)

1
팬에 버터를 녹이고 채 썬 양파와 맛술을 넣고 약불에서 중간중간 저어가며 40분간 조려요. 그동안 버섯은 먹기 좋은 크기로 찢어 놓고, 붉은 고추와 파는 송송 썰어요.

2
새우는 머리를 떼고, 꼬리만 남기고 껍질을 벗긴 뒤 등 쪽에 칼집을 넣어 이쑤시개로 내장을 빼내요.

3
새우머리를 조리던 양파에 넣고 30분간 아주 약한 불에서 중간중간 저어가며 더 조려요. 새우국물을 충분히 우린 뒤에 새우머리는 건져 버려요.

4
분량의 쑥갓과 물을 믹서에 한데 넣고 곱게 갈아요. 미지근한 물에 이스트를 넣어 녹여두고요.

5
강력분과 소금을 한데 섞어 체 친 다음 이스트를 녹인 물, 곱게 갈은 쑥갓, 올리브오일(1/4컵)을 넣고 반죽을 해요. 반죽이 완성되면 실온에서 1시간가량 발효시켜요.

6
발효된 반죽은 3등분해 면보자기로 덮어 10분에서 15분간 휴지시켜요.

만들기 ⑦~⑩은 다음 페이지에 있어요.

7

도마에 여분의 밀가루를 뿌리고 반죽을 밀대가 아닌 손바닥을 이용해 동그랗고 납작하게 만들어요. 이때 도우의 가장자리는 안쪽에 비해 두껍게 만들어요.

8

오븐트레이에 유산지를 깔고 옥수수가루를 살짝 뿌린 뒤 성형한 도우를 얹었어요. 도우에 미소, 다진 마늘, 올리브오일(2스푼)을 펴 바르고 조린 양파를 골고루 올려요.

9

손질한 새우를 가지런히 얹고 고르곤졸라치즈를 듬성듬성 흩뿌려요.

10

버섯, 고추를 순서대로 흩뿌려가며 올린 뒤 220℃로 예열된 오븐에 넣고 25분간 구워요. 오븐에서 꺼내기 3~5분 전에 송송 썬 파를 뿌려 넣고 마저 구워요.

Bonus recipe

화끈한 오리엔탈 샐러드

재료(4인분) 배추 1/3통, 로메인상추 2포기, 양상추·엔다이브·시금치 아기잎사귀·물냉이·숙주 1작은줌씩, 다진 땅콩 2/5컵, 붉은 고추 약간, 태국식 칠리드레싱(238쪽 참조) 적당량

배추, 로메인상추를 한 입 크기로 잘라 큰 그릇에 깐 뒤에 양상추, 엔다이브, 시금치 아기잎사귀, 물냉이를 섞어 얹어줍니다. 그 위에 숙주와 다진 땅콩을 흩뿌리고 붉은 고추를 채 썰어 올려 시각적 식감을 돋워요. 태국식 칠리드레싱을 끼얹어 먹으면 동서양의 맛이 혼합된 환상적인 퓨전 핫샐러드를 화끈하게 즐길 수 있어요. It's Cool~~!

10

처음 이 치라시스시를 만났을
때의 감동이란 찬란함,
그 자체였답니다.
이 눈부신 찬란함을
맛보았을 때 가장 먼저
떠오른 사람은 아버지였죠.
이젠 그 찬란함을 아버지께
선물해 드리고 싶어요.

세상의 찬란함을 담았다
치라시스시

만들기는
다음 페이지에 있어요!

재료 3인분

따뜻한 밥 3공기, 박고지 1/2줌(15g), 불린 표고버섯 3~4장, 당근 1/2개, 오이 1/2개, 새우(중하) 6마리, 연어알 8~9스푼, 장어구이 2/3마리, 어슷 썬 문어 6장, 슬라이스한 참치 6장, 슬라이스한 연어 9장, 슬라이스한 흰살생선 12장, 차조잎 혹은 깻잎 6장, 식초 3스푼, 설탕 0.5스푼, 김 · 고추냉이 · 절인 생강 적당량
박고지조림 양념 다시마&가다랑어국물 혹은 물 약 2/3컵(130ml), 설탕 1스푼, 청주 1스푼, 일본간장 혹은 다시마간장 1.5스푼
표고버섯조림 양념 다시마&가다랑어국물 약 2/5컵(85ml), 설탕 1스푼, 맛술 1.5스푼, 일본간장 혹은 다시마간장 1.5스푼
단촛물 따뜻한 물 4~5스푼, 식초 2스푼, 설탕 0.3스푼
달걀말이 달걀 3개, 다시마&가다랑어국물 3/5컵, 맛술 1스푼, 일본간장 혹은 다시마간장 1스푼, 데친 완두콩 1.5스푼, 식용유 적당량

> 치라시스시는 자신이 원하는 것을 올리는 뷔페식 덮밥이라고 할 수 있어요. 재료에 대한 정석이 없으니 각자의 기호에 맞게 해물과 생선류의 종류와 양을 조절하세요.

1

박고지는 소금물에 박박 씻어 맑은 물에 2시간 이상 불린 뒤 뜨거운 물에 넣고 10분가량 삶아 건져요. 박고지조림 양념에 넣고 국물이 자작해질 때까지 약한 불에서 조려요. 다 조려지면 식혀서 박고지는 잘게 다지고, 조리고 난 양념은 따로 보관하세요.

2

불린 표고버섯은 채 썰어 양념에 넣고 약한 불에서 국물이 자작해질 때까지 조린 다음 식혀서 잘게 다져요. 조리고 난 양념은 버리지 말고 따로 보관하세요.

3

식용류를 제외한 분량의 달걀말이 재료들을 한데 섞어요. 중불로 달군 작은 팬에 식용유를 적당히 두르고 달걀 혼합물을 한 국자씩 퍼 넣고 얇게 펴서 돌돌 말아가며 구워요. 이 과정을 4~5번 정도 반복해 도톰한 달걀말이를 만들어요.

4

김발에 달걀말이를 옮겨 담고 돌돌 말아 모양을 단단하게 잡아요. 모양이 잡히면 식힌 뒤 2cm 두께로 썰어요.

5
오이와 당근은 원래의 모양을 살려 얇게 썰어요. 이때 당근을 예쁜 꽃모양 틀로 찍어요. 차조잎(혹은 깻잎)은 툭 튀어나온 줄기 부분을 잘라내요.

6
그릇에 밥을 펼쳐 담고 식초와 설탕을 넣고 잘 섞어요. ①과 ②에서 남겨둔 양념으로 간을 하고, 조린 박고지와 표고버섯을 넣고 고루 비벼요.

7
새우는 꼬리를 남긴 채 껍질과 내장을 제거하고 끓는 물에 데쳐요. 새우가 살짝 익으면 단촛물에 넣고 30분가량 재워요.

8
그릇에 밥을 담고 차조잎(혹은 깻잎)을 중앙에 1~2장 깔아요. 가장자리에 오이를 돌려 담고, 새우·장어·달걀말이·문어·참치·연어·흰살생선을 가지런히 담아요. 당근과 연어알을 흩뿌리고 고추냉이와 절인 생강을 곁들인 다음 채 썬 김을 얹어서 완성해요.

11

무더운 여름,
가슴속까지 파고드는
쉬~원한 메뉴로 잃어버린
입맛을 구원해주세요.
얼음을 넣은 냉(冷)
녹차국수가 여러분의 입맛을
시원하게 감동시킨답니다.

시원한 세상을 만나다
냉녹차국수

 **재료 4인분**

녹차국수 약 3과1/2줌(500g), 채 썬 김 적당량, 얼음 12~16개
디핑소스 다시마&가다랑어국물 2와1/2컵, 일본간장 5/8컵(125ml), 맛술 5/8컵(125ml), 설탕 4.5~5스푼

> 녹차국수는 시중에서 쉽게 구할 수 있어요. 녹차국수가 기호에 맞지 않으면 일반 국수나 메밀국수를 이용하세요.

1 분량의 재료를 고루 섞어 디핑소스를 만든 뒤 냉장고에서 시원하게 보관해요.

2 녹차국수를 끓는 물에 삶아요. 부글부글 끓어오르면 찬물 1/2컵을 붓고 계속 끓여요. 국수가 다 익으면 찬물에 헹군 뒤 체에 밭쳐 물기를 빼요.

3 디핑소스를 그릇에 담고 얼음을 동동 띄워요. 채 썬 김을 녹차국수에 올려 디핑소스와 함께 내세요.

Bonus recipe

바삭함이 남다르다, 오리엔탈 연근샐러드

재료(2인분) 연근 7~8cm 1토막(150g), 식초 1.5스푼, 각종 채소 적당량, 오리엔탈 드레싱(239쪽 참조) 적당량, 튀김기름 적당량

연근은 필러로 껍질을 벗긴 다음 얇게 저며가며 썰어 식초를 넣은 끓는 물에 살짝 데쳐요. 데친 연근은 면보자기에 얹어 수분을 말끔하게 제거한 다음 170℃로 예열한 기름에 넣어 노릇하고 바삭하게 튀겨요. 튀겨진 연근은 키친타월에 올려 기름기를 없애요. 접시에 각종 채소를 듬뿍 담고 그 위에 바삭하게 튀긴 연근을 올린 뒤 오리엔탈 드레싱을 끼얹어 완성합니다. 이 샐러드는 건강 안주로도 그만이고요. 연근을 멀리하던 아이들도 너무나 좋아하게 만드는 웰빙 스타일의 한국식 샐러드랍니다.

12 몸에 좋은 매실 우동

우리 몸에 좋은 새큼달큼하고
짭조름한 매실절임을 곁들인
오동통 우동 한 사발
대령이요. 소화기능이 약한
어르신께 더없이 좋은
메뉴랍니다. 단무지나 김치
대신 매실을 곁들이면 입맛을
산뜻하게 돋워요.

 **재료 2인분**

우동면 2봉지(430g), 가다랑어포 3스푼, 절인 매실(우메보시) 2~3개, 잘게 송송 썬 파 5스푼, 불린 미역 1/2줌, 다시마&가다랑어국물 5컵(1L), 맛술 4스푼, 일본간장 4스푼, 설탕 0.7스푼, 차조잎 혹은 깻잎 2장, 시치미 적당량

1

가다랑어포는 체 쳐서 불순물을 없애고, 파는 잘게 송송 썬 것을 준비하세요.

2

절인 매실은 끓는 물에 1~2분간 넣었다가 건져서 식힌 뒤 잘게 다져요.

3

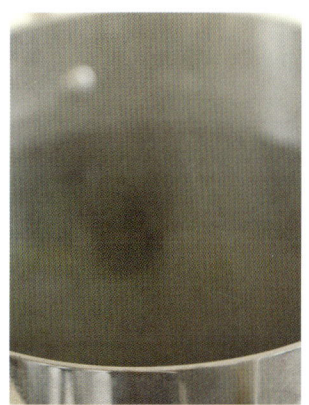

다시마&가다랑어국물을 중불에서 끓여요. 국물이 끓으면 일본간장, 맛술, 설탕, 불린 미역을 넣고 약불에서 5분간 더 끓여 우동국물을 준비해요.

4

우동국물이 끓는 동안 우동면을 삶아 건져 찬물에 헹군 뒤 물기를 빼요.

5

그릇에 우동면을 담고 우동국물을 부은 뒤 차조잎(혹은 깻잎), 다진 파, 다진 매실, 가다랑어포를 얹어 완성해요. 기호에 따라 시치미를 곁들여 드세요.

13

노릇노릇 구운 쫄깃한 떡을
품은 부드러운 단팥죽
한 그릇이 어쩌면 그리도
그대의 마음을
꼬옥 닮아 있는지….
내 안에는 그대만이
가득합니다.

부드러움에 녹아내리다
단팥죽

재료 16인분

팥 3컵(500g), 물 14컵, 소금 약간, 설탕 약 2와1/4컵(350g), 찹쌀물(찹쌀가루와 물 1/4컵씩), 가래떡 30cm 길이 1과1/2개

1. 팥을 씻어 냄비에 넣은 뒤 물을 듬뿍 붓고 센 불에서 끓여요. 국물이 끓어오르면 팥물은 따라 버리세요.

2. 다시 냄비에 분량의 물을 붓고 소금을 넣어 팥이 푹 익을 때까지 삶아요.

3. 팥이 충분히 익으면 불을 약하게 줄이고 설탕을 넣고 중간중간 저어가면서 팥이 푹 퍼질 때까지 조려요.

4. 국물이 자작하게 졸아들면 찹쌀물을 넣어 걸쭉하게 농도를 조절한 다음 식혀서 냉장고에 보관해요.

팥죽의 농도에 따라 찹쌀물의 양을 가감하세요.

5. 가래떡을 한 입 크기로 잘라 식용유를 두르지 않은 팬에 넣고 뒤집어가며 노릇노릇하게 구워요. 팥죽을 담은 그릇에 구운 떡을 1~2개 얹어 내세요.

14 향기로운 바다를 만난다
굴국밥

굴국밥을 생애 처음으로 상에 올렸을 때 나는 수줍은 미소를 지닌 아버지를 떠올리며 작은 아쉬움을 느껴야만 했어요. 그래서 제게 있어 굴국밥은 작은 아쉬움이 함께하죠. 하루 빨리 아버지를 위해 꽃 그림이 그려진 앞치마를 두른 나의 모습을 보여드려야겠어요. 아버지께서는 과연 어떤 미소로 답하실까요?

재료 3인분

밥 2공기, 생굴 2와1/5컵(430g), 두부 1/3모, 붉은 고추 1/2개, 풋고추 1/2개, 파 1대, 부추 1/4단, 무 3cm 1토막, 들기름 0.7스푼, 새우젓 0.5스푼, 소금 0.5스푼, 후춧가루 약간, 연한 소금물(물 5컵, 소금 2스푼)
국물 물 8과1/2컵, 무 3cm 2토막, 파 1대, 마른 새우 1과1/4컵(30g), 멸치 10마리, 다시마 5×5cm 1장

1
마른 냄비에 멸치를 넣고 볶다가 분량의 물을 붓고 멸치 외의 국물 재료들을 한데 넣어 15~20분간 끓여요. 국물이 우러나면 건더기는 건져 버리고 거품은 말끔히 걷어내요.

2
생굴은 연한 소금물에 모양이 깨지지 않게 살살 흔들어 씻은 뒤 체에 밭쳐 물기를 빼요.

3
두부는 사방 1cm로 깍둑 썰고, 풋고추와 붉은 고추는 어슷하게 썰고, 파는 송송 썰고, 부추는 5cm 길이로 듬성듬성 썰고, 무(1토막)는 나박 썰어요.

소금은 기호에 맞게 양을 조절해요.

4
①의 국물에 나박 썬 무를 넣고 끓여요. 무의 색이 투명해지면 굴과 두부를 넣고 새우젓과 소금으로 간을 해요.

달걀을 1~2개 넣어도 맛있어요. 하지만 깨끗한 국물 맛을 원한다면 넣지 않는 것이 좋아요.

5
국물이 끓어오르면 부추, 파, 풋고추, 붉은 고추를 넣고 들기름과 후춧가루를 넣어 맛을 낸 뒤 불을 꺼요. 밥에 굴국을 넉넉하게 부어 드세요.

15

마음 가득
녹두전

창에 부딪히는 축축한 빗줄기
때문에 당신의 마음에
허전함이 깃든다면
그 빗소리가 주는 박자에 맞춰
녹두전을 노릇노릇하게
지져 내어 맛깔 나는 연주를
선물해드릴게요.

 **재료 4인분**

하룻밤 불린 녹두 2와1/5컵(375g), 물 3/5컵(120ml), 잣 3스푼, 부침가루 5~6스푼, 쇠고기 1/2줌(75g), 새우살(중하) 9~10마리분(200g), 불린 표고버섯 3장, 불린 고사리 1작은줌, 숙주 1작은줌, 당근 1/5개, 붉은 고추 1개, 양파 1/2개, 씻어놓은 김치 1/8포기(100g), 파 2대, 소금 0.2스푼, 식용유 적당량, 초간장 디핑소스(233쪽 참조) 적당량
쇠고기 양념 진간장 0.5스푼, 다진 마늘 0.2스푼, 다진 생강 0.2스푼, 맛술 0.5스푼, 깨소금 0.3스푼, 참기름 0.2스푼, 후춧가루 약간

불린 녹두

불린 녹두는 결이 있는 플라스틱 바가지에 넣고 바락바락 문지른 다음 손으로 비비면 껍질이 잘 벗겨져요.

1 바락바락 문질러 껍질을 벗긴 녹두를 잣, 물과 함께 믹서에 넣고 곱게 간 뒤 부침가루와 소금을 넣고 한 방향으로 고루 휘저어 녹두 반죽을 완성해요.

2 쇠고기는 얇게 채 썰어 양념에 30분가량 재워두고, 파·표고버섯·당근·양파와 붉은 고추는 잘게 채 썰고, 고사리는 4~5cm 길이로 썰고, 숙주는 다듬고, 새우살은 곱게 다지고, 김치는 잘게 채 썰어요.

3 팬에 식용유를 두르고 쇠고기, 표고버섯, 고사리, 양파를 넣고 볶아요. 쇠고기가 회갈색으로 변하면 김치, 숙주, 당근, 파, 붉은 고추를 넣고 마저 볶아요.

4 녹두 반죽에 다진 새우살을 넣고 고루 섞어요. 식용유를 둘러 예열한 팬에 숟가락으로 반죽을 떠서 넣고 동그랗게 모양을 잡은 뒤 미리 볶아놓은 채소를 한 젓가락씩 펴 얹어 앞뒤로 노릇노릇 구워요.

5 완성한 녹두전은 키친타월에 올려 기름기를 적당히 빼고, 초간장 디핑소스를 찍어 드세요.

Part 06

든든한 평일 밑반찬 & 매일 보글보글 끓이는 국찌개

밤낮으로 아무리 바빠도 자신과 가족의 건강을 챙길 줄 아는 지혜와
여유는 기본이죠. 주말에 잠깐 시간을 내 부부가 함께 밑반찬을 만들어보는
재미도 남다를 거란 생각이 들어요. 남자는 여자 하기 나름!
요리의 기초도 모르는 남자라 할지라도 조금만 인내심을 가지고
재료 손질부터 조금씩 길들여나간다면 부엌일의
가장 좋은 파트너가 되어줄 거예요.

주말에 준비하는 든든한 평일 밑반찬

01

정갈함의 결정체
김절임

작은 종지에 김절임을 담아 낼 때면 짭조름한 냄새에 벌써 입맛이 돌아요. 단순히 구워 먹고 싸 먹는 것에서 벗어나 밑반찬으로 김을 색다르게 즐겨보세요.

재료

김 25장, 다진 풋고추 2개분, 다진 붉은 고추 3개, 다진 마늘 2스푼, 송송 썬 쪽파 5대분, 진간장 1과3/4컵, 다시마&가다랑어국물 1컵, 참기름 3스푼, 설탕 5~6스푼, 물엿 4.5스푼, 참깨 약간

1

작은 그릇에 다진 마늘, 진간장, 다시마&가다랑어국물, 참기름, 설탕, 물엿을 넣고 설탕이 녹을 때까지 잘 섞은 다음 잘게 다진 풋고추와 붉은 고추, 송송 썬 쪽파를 넣고 고루 섞어 양념을 만들어요.

2

김을 사방 5cm 크기로 자른 뒤 5~7장씩 밀폐용기에 담으며 양념을 1큰술씩 끼얹어요.

3

냉장고에 넣어 2~3일간 푹 절여요. 먹을 때는 참깨를 먹기 좋게 살짝 뿌려 내세요.

재료 4인분

소멸치(가이리멸치) 3~4줌(130g), 올리브오일 5스푼, 참기름 0.2스푼, 참깨 0.5스푼
양념 고추장 4~5스푼, 진간장 2스푼, 맛술 5~6스푼, 설탕 3스푼, 다진 마늘 1.5스푼, 물엿 1스푼

02

주말에 준비하는 든든한 평일 밑반찬

칼슘이 든든
멸치고추장조림

이 밑반찬은 학창시절의 아련한 추억들을 떠올리게 해요. 이렇듯 하나의 음식은 맛에서 그치지 않아요. 우리네 희로애락에 고스란히 녹아들어 항상 삶 속에서 살아 숨 쉬지요.

1 분량의 재료를 한데 섞어 양념을 만들어요. 멸치는 체에 넣고 탁탁 쳐 지저분한 가루를 없애요.

2 올리브오일을 둘러 달군 팬에 불순물을 제거한 멸치를 넣고 볶아요.

3 멸치가 바삭하게 볶아지면 준비한 양념을 붓고 잘 섞은 뒤 참기름과 참깨를 넣고 한 번 더 섞어요.

주말에 준비하는 든든한 평일 밑반찬

03

가지가지한다
가지구이

밥 한 그릇이 눈 깜짝할 사이에
뚝딱 하고 사라졌어요.
오, 가혹하나이다.
삐죽삐죽 터져 나오는
이 살들을 어찌하리오~.
이게 다 가지구이
때문이라구요!

 **재료 6인분**

서양가지 2~3개(900g), 식용유 13~14스푼, 통깨 약간
양념 미소 8~9스푼, 맛술 6스푼, 청주 3스푼, 설탕 6스푼

> 가지는 꼭 서양가지가 아니어도 되지만 가급적 넓적한 것을 사용하세요.

1 양념 재료를 한데 넣고 고루 섞어 양념을 만들어요.

2 가지를 세로로 2등분해 단면에 바둑무늬로 칼집을 넣고, 가장자리는 가지 모양대로 칼집을 넣어요.

3 넓은 팬에 식용유를 넉넉히 두르고 칼집을 넣은 부분이 바닥에 오도록 가지를 놓고 구워요.

4 가지 속살이 노릇노릇 익으면 집게로 뒤집은 뒤 알루미늄포일로 팬을 덮어 속살이 부드러워질 때까지 구워요.

5 가지가 부드럽게 익으면 알루미늄포일을 깐 오븐트레이에 옮겨 담고 준비한 양념을 속살이 보이는 부분에 바른 뒤 예열된 그릴에서 4~5분간 구워요.

6 가지가 먹음직스럽게 구워지면 통깨를 솔솔 뿌려 내요.

주말에 준비하는 든든한 평일 밑반찬

04
먹고 싶었다
병어무조림

생선가게를 지날 때마다
잘생긴 병어가 눈에 띄면
그놈의 두툼한 인상을
한 번 더 챙겨보는
요상한 버릇이 있어요.
반지르르한 은색 몸매에
놈들의 싱싱한 눈을 보며
한동안 입맛을 다시며
그놈을 탐하다가
두 손 가득 찬 장바구니를
힐끗 보고는 아쉬운 발걸음을
돌리곤 한답니다.

재료 4인분

병어 2마리, 파 3대, 마늘 5쪽, 무 1/2개, 풋고추 1개, 붉은 고추 1개, 양파 1/2개, 생강 1톨, 맛술 1.5스푼, 굵은 소금 0.2스푼
양념 고춧가루 4.5스푼, 쌀뜨물 1과3/4컵, 뜨거운 물 5스푼, 미소 3스푼, 설탕 1스푼, 참기름 1스푼, 진간장 1스푼, 후춧가루 약간

1 병어는 비늘을 긁어내고 머리와 꼬리를 자르고 내장을 제거한 뒤 흐르는 물에 씻어요.

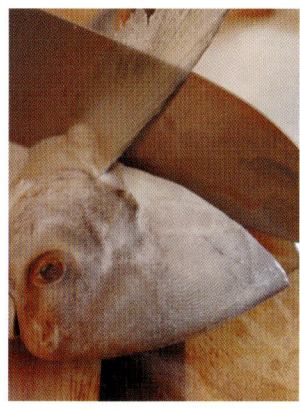

2 병어의 몸통에 크게 엑스(X)자로 칼집을 낸 뒤 맛술을 끼얹고 굵은 소금을 뿌려 밑간을 해요.

3 무는 필러로 껍질을 벗긴 뒤 1cm 두께로 썰고, 마늘과 생강은 편으로 썰고, 양파는 채 썰고, 풋고추와 붉은 고추는 어슷하게 썰고, 파는 송송 썰어요.

4 뜨거운 물에 미소를 넣고 갠 뒤 쌀뜨물을 붓고 고춧가루, 설탕, 참기름, 진간장, 후춧가루를 넣고 섞어 양념을 만들어요.

5 냄비에 무를 깔고 병어를 나란히 올려요. 미리 준비해둔 양파, 마늘, 생강, 붉은 고추를 흩뿌리고 양념을 부어 센 불에서 끓여요. 국물이 끓어오르면 불을 낮춰 1시간 가량 약불에서 조려요. 이때 간이 고루 배도록 중간중간 숟가락으로 양념을 끼얹어줘요.

6 국물이 바특하게 졸아들면 미리 준비해둔 파와 풋고추를 넣고 살짝 더 조려요.

주말에 준비하는 든든한 평일 밑반찬

05

호로로~
중국식 오이김치

이 오이김치는 느끼한 중화요리에는 물론 평상시 밥반찬으로 해 드셔도 좋을 이색적인 메뉴예요. 우리네 입맛에도 착 감기는, 색다른 칼칼함이 돋보이는 산뜻한 맛이 일품이랍니다.

 **재료 8인분**

오이 4개, 절임물(소금 3~4스푼, 물 2컵)
양념 마늘 10쪽, 붉은 고추 3개, 설탕 1컵 2~3스푼(180g), 식초 1컵, 두반장 4.5~5스푼, 고추기름 3스푼

1
오이는 소금으로 문질러 깨끗이 씻은 다음 반으로 갈라 숟가락으로 씨 부분을 긁어내요. 5cm 길이로 토막을 내고 길게 4등분해 절임물에 넣고 1~2시간 동안 한 두 번 뒤집어가며 절여요. 오이가 말랑말랑해지면 물에 헹궈 물기를 꼭 짜요.

2
마늘은 얇게 편으로 썰고, 붉은 고추는 어슷하게 썰어 식초, 설탕, 두반장, 고추기름과 섞어 양념을 만들어요.

3
밀폐용기에 오이를 넣고 층층이 양념을 끼얹은 뒤 냉장고에 넣어요. 하루나 이틀 정도 지난 다음 꺼내 드세요.

06

주말에 준비하는 든든한 평일 밑반찬

그리운 어머니
무청지짐

무청을 다듬을 때마다 어머니의 갈라진 두 손이 떠올라요. 어머니는 스타킹을 신을 때마다 장갑을 끼셔야 할 정도로 손이 매우 거칠답니다. 하지만 저에게 그 거친 두 손은 세상에서 가장 아름다운 손이랍니다.

재료 8인분

무청 약 6과1/2줌(700g), 된장 4.5~5스푼, 다진 마늘 2.2스푼, 식용유 5스푼, 진간장 1스푼, 쌀뜨물 3과3/4컵, 국물용 멸치 15마리, 붉은 고추 2개, 참기름 0.7스푼

1 무청은 먹기 좋게 썰어 삶은 뒤 물기를 빼요. 된장, 진간장, 다진 마늘, 식용유를 한데 섞어 물기 뺀 무청에 넣고 조물조물 무친 뒤 참기름을 살짝 두른 넓은 냄비나 오목한 팬에 넣고 달달 볶아요.

2 무청에 반지르르하게 기름기가 돌면 쌀뜨물을 부어 끓여요.

3 국물이 보글보글 끓으면 멸치와 송송 썬 붉은 고추를 넣고 불을 낮춰 국물이 자작하게 졸아들 때까지 조려요.

주말에 준비하는 든든한 평일 밑반찬

07

국물까지 완벽한 메뉴
닭장조림

내 생애 처음으로 해본 요리다운 요리, 닭장조림.
그래서 이 요리에 남다른 애착을 가지고 있어요.
야들야들한 닭장조림의 맛, 여러분도 한번 맛보실래요?

재료 5인분

닭다리 10개, 달걀 10개, 마늘 12쪽, 양송이버섯 15개, 물 7과1/2컵(1.5L), 설탕 약 1과1/2컵(220g), 진간장 약 1과1/3컵(280ml), 치킨스톡 1.5스푼, 맛술 8.5스푼, 소금 0.5스푼

1

달걀은 냄비에 담고 물을 넉넉하게 부어 소금을 넣은 뒤 완숙으로 삶아 껍질을 벗겨요.

2

다른 냄비에 닭다리, 삶은 달걀, 마늘, 치킨스톡, 맛술, 진간장, 설탕을 넣고 분량의 물을 부어 센 불에서 끓여요. 국물이 끓어오르면 불을 약하게 낮추고 3~4시간가량 조려요.

3

양송이버섯을 얇게 썰어 넣고 1시간 더 조려서 완성해요.

재료 4인분

마른 오징어 2마리
양념 고추장 2스푼, 고춧가루 2스푼, 진간장 1스푼, 다진 마늘 0.3스푼, 통깨 0.3스푼, 물엿 1스푼, 설탕 0.2스푼, 참기름 2스푼

주말에 준비하는 든든한 평일 밑반찬

오징어가 밥상에 입성했어요
마른 오징어 무침

레시피와 재료가 너무 간단하다고 요 녀석의 맛을 우습게 생각하지 마시라! 요 녀석의 맛에 폭 빠지는 순간 당신의 다이어트가 한 순간에 물거품이 될 수 있답니다.

1 오징어를 물에 담가 반나절 이상 불린 뒤 껍질을 벗기고 얇게 채 썰어요.

2 분량의 재료를 섞어 양념을 만들어요.

3 양념을 채 썬 오징어에 붓고 버무려요.

주말에 준비하는 든든한 평일 밑반찬

09

생선 중에서 고등어라면
사족을 못 쓰는 '대한민국
대표 고등어 Girl'이 바로
저예요. 물 좋은 고등어는
젓가락을 가져다 대는 순간
살이 부드럽게 자지러지지요.
대한민국 국민생선 고등어,
맛깔나게 조려
묵은지에 싸 먹으면
그 맛이 환상적이랍니다.

고등어가 쌈에 빠져 환상적인 맛
고등어조림 김치쌈

재료 4인분

고등어 2마리, 무 1/2개, 양파 2/3개, 파 3대, 붉은 고추 1개, 풋고추 1개, 묵은지 혹은 김치 1/2포기, 마늘&고추양념장(233쪽 참조), 고추장 적당량
양념 진간장 3/4컵(150~160ml), 고추장 3스푼, 미소 1.5스푼, 고춧가루 3스푼, 청주 3스푼, 설탕 1스푼, 물엿 1.5스푼, 다진 마늘 3스푼, 생강즙 0.2스푼, 까나리액젓 1.5스푼, 다시마&가다랑어국물 2컵

1 고등어는 머리와 꼬리를 잘라내고 내장을 제거해 흐르는 물에 씻어 먹기 좋은 크기로 토막을 내요.

2 무는 2cm 두께로 자르고 4등분해 양념이 고루 배어들도록 가장자리를 둥그스름하게 깎아요. 양파는 채 썰고, 파와 고추는 어슷하게 썰어요.

3 냄비에 무를 넣고 무가 살짝 잠길 정도로 물을 부어 끓여요. 무가 반투명하게 익으면 국물을 버려요. 무가 익는 동안 분량의 재료를 한데 섞어 양념을 만들어요.

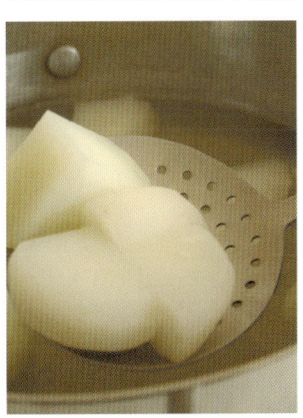

4 반쯤 익힌 무를 다른 냄비의 바닥에 깔고 손질한 고등어를 얹고, 양파와 붉은 고추를 넣은 뒤 양념을 부어요. 중간 불로 맞춰 뚜껑을 덮고 조려요.

5 고등어가 익으면 뚜껑을 열어 풋고추와 파를 넣고 숟가락으로 국물을 끼얹으며 조금 더 조려요.

6 묵은지 혹은 김치를 물에 씻어요. 고추장, 마늘&고추양념장을 곁들여 맛있게 쌈을 싸 드세요.

주말에 준비하는 든든한 평일 밑반찬

10

우리 몸에 너무나 친절한
톳나물 & 채소조림.
그대의 입 안에 건강 가득,
그리고 행복 가득.
행복은 맑고 건강한
심신에서 오는 것~!

우리 몸에 친절한
톳나물 & 채소 조림

재료 4인분

마른 톳나물 3~4스푼, 마른 표고버섯 3장, 당근 2/3개, 우엉 1작은 줌(50g), 두부 1모, 다시마&가다랑어국물 1/2컵, 설탕 1스푼, 일본간장 혹은 다시마간장 3스푼, 청주 3스푼, 맛술 2스푼, 식용유 2스푼, 식초 약간

> 마른 톳나물은 불리면 무게가 8배나 무거워져요.

1 마른 톳나물과 마른 표고버섯은 물에 담가 30분간 충분히 불려요. 불린 톳나물은 바닥에 떨어진 모래가 딸려오지 않도록 조심해가며 건진 뒤 여러 번 헹궈서 물기를 빼요.

2 우엉은 필러로 껍질을 벗기고 채 썰어 식초를 살짝 넣은 물에 담가 색이 변하는 걸 막아요. 조리 직전에 체에 밭쳐 물기를 빼요.

3 두부는 면보자기로 싼 뒤 접시로 30분가량 눌러놓아 물기를 빼고, 불린 표고버섯과 당근은 얇게 채 썰어요.

4 팬에 식용유를 두르고 채 썬 우엉, 표고버섯, 당근을 넣고 볶다가 톳나물을 넣어요.

5 톳나물이 채소와 잘 섞이면 두부를 한 입 크기로 뜯어 넣고 다른 재료와 섞어가며 볶아요.

6 모든 재료가 고루 섞이면 다시마&가다랑어국물, 일본간장(혹은 다시마간장), 맛술, 청주, 설탕을 넣고 중불에서 국물이 없어질 때까지 조려요. 국물이 바특하게 졸아들면 평평한 접시로 옮겨 담고 충분히 식혀요.

주말에 준비하는 든든한 평일 밑반찬

11

감자와 당근이 혀끝에서
부드럽게 녹아내린답니다.
밥반찬이 이렇게 부드러워도
되는 건가요?
이 요리의 재료는
너무나 간단하지만
그 맛은 솜사탕처럼
세상에서 가장 부드럽게
녹아드네요.

부드럽게 다가온다
불고기&감자조림

재료 2~3인분

쇠고기(불고기감) 약 1큰줌(200g), 감자 1과1/2개, 당근 1개, 양파 1개, 식용유 2스푼, 물 2컵, 혼다시 0.2~0.3스푼, 일본간장 4.5스푼, 설탕 4.5스푼, 청주 4.5스푼, 맛술 3스푼, 통깨 약간

1 감자와 당근은 껍질을 벗겨 한 입 크기로 듬성듬성 썰고, 양파는 채 썰어 준비해요.

2 냄비에 식용유를 두르고 쇠고기를 넣어 중불에서 볶아요.

3 쇠고기가 회갈색으로 변하기 시작하면 양파, 감자, 당근 순으로 넣고 볶다가 모든 재료가 고루 섞이면 물을 붓고 센불로 끓여요.

4 국물이 끓어오르면 혼다시, 일본간장, 설탕, 청주, 맛술을 넣어 간을 해요.

5 불을 중불로 조절해 국물이 자작해질 때까지 조려요. 바닥에 재료가 눌어붙지 않게 중간중간 저어주세요.

6 감자와 당근에 적당히 간이 배고 파삭하게 익으면 불을 끄고 식혀요. 다 식으면 그릇에 옮겨 담고 통깨를 살짝 흩뿌려 내요.

매일매일 보글보글 국찌개

12

쑥갓 향이 가득
새우 미소국

한 사발의 국에도 바야흐로 봄이 왔어요.
진한 새우국물에 어우러진 향기로운 쑥갓의 내음.
햇살이 눈부신 날에는 봄 향기를 가득 담은
새우미소국을 올려 향기로운 밥상을 차려보세요.

 재료 4인분

새우머리 8개, 모시조개 혹은 바지락 약 4줌(300g), 불린 미역 1작은줌(60g), 청경채 2포기, 물 5컵(1L), 치킨스톡 1스푼, 미소 2~3스푼, 쑥갓 1/2줌, 다진 파슬리 3스푼, 옅은 소금물(소금 0.3스푼, 물 5컵)

1

모시조개(혹은 바지락)는 옅은 소금물에 담가 해감한 뒤 흐르는 물에 씻어서 준비하고, 불린 미역과 청경채·쑥갓은 한 입 크기로 썰어요.

2

냄비에 분량의 물을 붓고 끓여요. 물이 팔팔 끓어오르면 치킨스톡을 넣고 끓이다 치킨스톡이 녹으면 새우머리와 조개를 넣고 계속 끓여요.

3

조개가 활짝 입을 벌리면 준비한 미역과 청경채를 넣고, 국물에 미소를 풀어요. 청경채가 살짝 숨이 죽으면 쑥갓을 넣고 한소끔 끓인 뒤 불에서 내려요. 그릇에 옮겨 담고 다진 파슬리를 뿌려 내요.

13 매일매일 보글보글 국찌개

숙취야, 가라! 파르르
파국

술 마신 다음 날 아침이면 속을 풀어줄 해장국이 꼭 필요하죠. 스피디하게 준비할 수 있는 파국으로 힘찬 아침을 시작하세요. 속이 든든해야 하루가 평화로운 법!

재료 4인분

7~8cm 길이의 대파 7~8대, 얇게 채 썬 쇠고기 약 1줌(150g), 혼다시 0.2스푼, 고추기름 2~3스푼, 멸치국물 약 8컵(1.5~1.6L), 소금 0.2~0.3스푼

쇠고기 양념 고춧가루 3스푼, 청주 1.5스푼, 다진 마늘 2~3스푼, 까나리액젓 1스푼, 진간장 2스푼, 참기름 1스푼, 후춧가루 약간

1 양념에 쇠고기를 넣고 버무려 밑간을 해요. 냄비에 고추기름을 두르고 양념된 쇠고기를 넣어 볶다가 쇠고기가 익으면 멸치국물을 붓고 팔팔 끓여요.

2 국물이 끓어오르면 대파를 넣고 푹 끓인 뒤 혼다시와 소금을 넣어 간하세요.

매일매일 보글보글 국찌개

14

느끼한 중국 요리에 칼칼함을 더하라
산라탕

처음 이 산라탕을 맛보았을 때
제 얼굴은 사정없이
찌그러지고 말았어요.
시큼하면서 매콤한 맛에 혀가
화들짝 놀라버렸거든요.
그리고 이내 그 오묘한 맛의
매력에 푹 빠지고 말았답니다.

 **재료 8인분**

마른 표고버섯 5장, 석이버섯 3스푼, 짜사이(중국식 무절임) 1줌(100g), 당근 1/2개, 물밤 1작은줌(50g), 통조림 죽순 1/2개(50g), 냉동 잔새우 1줌(80g), 두부 1/4모, 얇게 채 썬 어묵 1작은줌(100g), 차슈 돼지고기(72쪽 참조) 혹은 햄 1작은줌(100g), 달걀 1~2개, 물 9컵(1.8L), 치킨스톡 3~4스푼, 식초 4~5스푼, 청주 3스푼, 진간장 5~6스푼, 후춧가루 0.3스푼, 파 1대, 녹말물(녹말가루와 물 5스푼씩), 칠리오일 혹은 고추기름 1~2스푼

1
표고버섯과 석이버섯은 물에 넣어 충분히 불려요. 짜사이는 3~4번 헹궈 30분가량 물에 담가 짠 기를 뺀 뒤 물기를 빼놓아요. 불린 표고버섯과 당근, 물밤, 죽순, 두부, 차슈 돼지고기(혹은 햄)는 채 썰어요.

2
냄비에 칠리오일(혹은 고추기름)을 두르고 당근과 새우를 넣어 볶아요. 여기에 표고버섯, 석이버섯, 죽순, 물밤 순으로 넣고 볶다가 분량의 물을 붓고 끓여요.

3
국물이 끓어오르면 짜사이, 두부, 어묵, 차슈 돼지고기(혹은 햄)를 넣고 치킨스톡, 진간장, 청주, 식초를 넣어 간을 해요.

4
국물이 보글보글 끓어오르면 달걀을 풀어 넣고 휘저은 뒤 1분가량 더 끓여요.

5
녹말물을 붓고 불을 약하게 조절해 살짝 걸쭉해질 때까지 뭉근하게 끓인 뒤 후춧가루를 넣어요. 파는 먹기 직전에 어슷 썰어 넣어요.

녹말물의 양은 기호에 맞게 가감하세요.

매일매일 보글보글 국찌개

15

삼계탕을 그리 좋아하지 않는
제게 이 닭개장은
여름철 보양음식으로
제격이랍니다.
제가 이 닭개장을 얼마나
좋아하냐면요.
누가 말리지 않으면 앉은
자리에서 한 솥을 한 방에 뚝딱
비워버릴 정도로
무섭게 좋아라~ 하지요.
그래서 다이어트가 필요한
시기에는 절대 금기해야 할
메뉴 중 하나랍니다.

속 쉬~원해지는
들깨닭개장

 **재료 4인분**

닭 1/2마리(450g), 불린 고사리 1과1/2줌(120g), 불린 토란 1줌(80g), 숙주 2큰줌, 느타리버섯 2줌(150g), 대파 10대, 풋고추 2개, 붉은 고추 1개, 들깨가루 3스푼, 소금 0.3스푼
국물 물 15컵(3L), 대파 뿌리 부분 2대분, 양파 1개, 마늘 10쪽, 통후추 10알, 청주 2스푼
양념 고추기름 3스푼, 고춧가루 3~4.5스푼, 국간장 4~5스푼, 맛술 2스푼, 다진 마늘 2스푼, 생강즙 0.3스푼, 소금 0.7스푼, 참기름 1스푼, 후춧가루 약간

1 속 깊은 냄비에 분량의 물을 붓고 국물 재료들을 한데 넣은 뒤 닭을 통째로 넣어 약불에서 4~5시간 푹 고아요.

2 숙주와 느타리버섯은 소금을 넣은 끓는 물에 넣고 살짝 데친 뒤 체에 밭쳐 물기를 빼고 한 김 식혀요. 식은 느타리버섯은 길이로 찢어두어요.

3 불린 고사리, 불린 토란, 대파는 각각 5~6cm 길이로 썰고 풋고추와 붉은 고추는 어슷하게 썰어요.

4 분량의 재료를 섞어 양념을 만든 뒤 손질한 채소를 넣어 조물조물 버무려요.

5 닭고기가 익으면 건져내 한 김 식힌 뒤 껍질을 벗기고 먹기 좋게 살을 발라 길이로 찢어두어요. 발라 놓은 닭고기살은 닭을 곤 국물에 넣고 한 번 더 삶아요.

6 국물이 끓어오르면 양념에 버무린 채소를 넣고 푹 끓인 뒤 들깨가루를 뿌려 내요.

매일매일 보글보글 국찌개

16
속 든든 마음 든든
만둣국

명절에나 해 먹을 수 있는
나름 귀한 만둣국을
평일 특별메뉴로 준비해
가족들의 입맛에 신선한
감동을 선사해보세요.
가족들의 찬사야말로
우리 삶의 비타민이랍니다.

재료 6인분

만두피 3팩, 멸치국물 25컵(5L), 밀가루 약간, 혼다시 0.7스푼, 후춧가루 약간, 소금 1.5스푼, 다진 파 5스푼
만두소 김치 1/3포기(250g), 부추 1/2단(150g), 양파 1/2개, 다진 쇠고기 1큰줌(200g), 두부 3/5모(250g), 새우(중하) 7~8마리, 불린 표고버섯 5~6장, 다진 마늘 2스푼, 참기름 1스푼, 국시장국 1스푼, 진간장 2스푼, 깨소금 1스푼, 소금·후춧가루 약간씩
초간장 진간장 3스푼, 식초 1스푼, 고춧가루 약간

1. 두부는 면보자기에 싸서 접시로 1시간가량 눌러 물기를 빼고, 김치는 물에 씻어 손으로 물기를 짠 뒤 채 썰어요.

2. 양파, 새우, 불린 표고버섯, 부추는 잘게 다져 ①의 김치와 두부, 그 외의 만두소 재료들과 섞어 고루 치대 만두소를 완성해요.

3. 만두피에 만두소를 적당량 떠 넣어요. 만두피 가장자리에 물을 살짝 바른 뒤 반으로 접어 끄트머리를 꾹꾹 눌러가며 예쁘게 만두를 빚어요.

4. 빚은 만두는 밀가루를 흩뿌린 쟁반에 담고 그 위에 밀가루를 살짝 뿌려주세요.

기호에 따라 소금의 양을 조절하세요.

5. 냄비에 멸치국물을 붓고 끓여요. 국물이 끓어오르면 만두를 넣고 소금, 혼다시, 후춧가루로 간해요.

6. 그릇에 만두와 국물을 적절히 퍼 담고 다진 파를 흩뿌려 초간장과 함께 내요. 식성에 따라 만두는 초간장에 찍어 먹어도 맛있어요.

매일매일 보글보글 국찌개

17
겨울이 더욱 따뜻한
사골 꼬리 곰탕

한 입 덥석 떠 먹기도 전에
투박한 뚝배기 안에 담겨 있는
뽀얀 사골국물을 지그시
바라보기만 하여도
가슴이 절로 훈훈해져요.
특히 한겨울에는
그 뽀얀 국물이 그리도
기특해 보일 수가 없네요.

재료 8인분

사골 1kg, 소꼬리 800g, 대파 12대, 마늘 10쪽, 양파(큰 것) 1개, 생강 엄지손가락 1마디 크기 1톨, 무 2/3개, 소금·후춧가루 약간씩, 다진 대파 적당량, 물 25컵(5L)

1

사골과 소꼬리를 찬물에 3~4시간가량 담가 핏물을 빼요. 이때 찬물은 자주 갈아줄수록 좋아요.

2

냄비에 핏물을 뺀 사골과 소꼬리를 넣고 물을 넉넉히 부은 뒤 센 불에서 끓여요. 국물이 팔팔 끓으면 따라 버려요. 이 과정을 1~2번 더 반복하세요.

> 끓이면서 생기는 거품과 기름은 틈틈이 걷어내세요. 중간에 물을 더 넣을 땐 꼭 끓는 물을 부으세요. 그래야 누린내가 나지 않아요.

3

분량의 물을 붓고 적당한 두께로 토막 낸 무, 대파(10대), 반으로 가른 양파, 마늘, 생강을 넣고 센 불에서 1시간 정도 끓인 뒤 채소들은 건져 버려요. 불을 낮추고 국물이 뽀얗게 우러날 때까지 푹 고아요.

4

그릇에 뽀얗게 우러난 곰탕을 담고 다진 대파(2대분), 소금, 후춧가루와 함께 내요.

Bonus recipe

든든한 사골 떡국 한 사발 추가요!

곰탕이 슬슬 물리기 시작할 때 사골떡국을 별미 삼아 드세요. 우선 맑은 사골 국물을 적당한 크기의 냄비에 퍼 담고 팔팔 끓입니다. 국물이 끓어오르면 떡국 떡을 양껏 넣고 소금과 후춧가루로 간을 맞춰 그릇에 담고 달걀의 황백지단채, 김, 실고추 등을 올려서 내세요. 순식간에 근사한 별미가 탄생하죠!

매일매일 보글보글 국찌개

18

세상에서 가장 맛있는 소리, 뽁작뽁작.
푸짐한 보리밥 한 그릇과
빠글빠글하게 끓인
뽁작된장 하나를
뚝배기째 올리면
그날의 식탁은
GAME OVER!

세상에서 가장 맛있는 소리
뽁작된장

 **재료 4인분**

국물용 멸치 12마리, 물 4컵, 애호박 1개, 불린 표고버섯 5장, 양파 1/2개, 붉은 고추 3개, 풋고추 3개, 두부 1/2모, 파 2대, 다진 마늘 0.7스푼, 된장 7~8스푼, 고추장 7~8스푼, 혼다시 혹은 다시다 0.2스푼, 참기름 0.3스푼, 꿀 0.3스푼

입맛에 맞게 된장과 고추장의 비율을 조절하세요

1
호박과 두부는 지름 1cm 정도로 깍둑 썰어요. 불린 표고버섯, 양파, 붉은 고추, 풋고추는 잘게 다지고 파는 송송 썰어요.

2
뜨겁게 달군 마른 냄비에 멸치를 넣고 볶다가 분량의 물을 붓고 끓여요. 멸치국물이 충분히 우러나면 고추장과 된장을 풀어 간을 맞춰요.

3
국물이 보글보글 끓어오르면 다진 마늘과 손질한 호박, 불린 표고버섯, 양파, 붉은 고추, 풋고추를 넣고 끓이다 혼다시(혹은 다시다)를 넣어 감칠맛을 더해요.

4
채소가 알맞게 익었다 싶으면 두부와 파를 넣고 끓여요. 국물이 한소끔 끓어오르면 참기름과 꿀을 넣고 마무리해요.

기호에 따라 참기름은 생략해도 돼요.

Bonus recipe

도시에서 느끼는 시골의 향수, 호박잎 보리쌈밥(4인분)

제가 개인적으로 쌈을 무척 좋아한답니다. 뽁작된장에 너무너무 잘 어울리는 호박잎 보리쌈밥! 호박잎 40장 정도를 준비해 줄기를 톡 꺾어 억센 섬유질을 벗겨내고 흐르는 물에 헹궈 찬물에 40분가량 담가 쓴맛을 뺀 뒤 김이 오른 찜통에 넣고 15분가량 쪄서 함께 곁들여 내시면 됩니다. 호박잎에 보리밥과 뽁작된장을 적당히 넣고 돌돌 말아 싸 먹으면…. 아~ 녹는다, 녹아! 세상이 녹는다!

매일매일 보글보글 국찌개

19

기본인데 은근히 어렵다
쇠고기 무국

바쁜 출근시간에 쉬~원한 쇠고기무국 한 사발 대령이요!
입맛 없는 아침, 밥 한 공기를 뜨끈뜨끈한 무국에
말아서 드시면 하루가 든든해집니다.

재료 4인분

양지머리 약 1큰줌(200g), 무 1/4개, 다시마&가다랑어국물 혹은 멸치국물 7과1/2컵(1.5L), 소금 0.3~0.5스푼
국물 물 10컵(2L), 마늘 5쪽, 대파 1대, 생강 1/2톨, 청주 1.5스푼
쇠고기 양념 국간장 1.5스푼, 다진 마늘 0.7스푼, 송송 썬 대파 1대분, 참기름 0.2스푼, 후춧가루 약간

1
냄비에 국물 재료와 양지머리를 넣고 끓여요. 국물이 끓어오르면 불을 낮추고 1시간 반 정도 뭉근하게 삶아요. 물이 졸아들면 중간중간 따뜻한 물을 넣어 보충하세요.

2
국물은 2와1/2컵을 따로 담아둔 뒤 버리고, 양지머리는 건져 식힌 뒤 손가락으로 잘게 찢어 양념에 조물조물 무쳐요.

3
따로 담아두었던 국물과 다시마&가다랑어국물(혹은 멸치국물)을 냄비에 붓고 무를 나박 썰어 넣고 끓여요. 무가 부드럽게 익으면 양념에 무친 양지머리를 넣고 소금으로 간한 뒤 8~10분 정도 더 끓여 완성해요.

책속부록

발칙표 쿠킹 노하우

한국사람들은 밥의 힘으로 살아간다죠.
하지만 매일 밥만 먹고 살기에는 세상이 너무 다양해졌어요.
이제는 여러분의 밥상도 좀 더 다양해지고 살짝 격을 높일 때가 왔답니다.
그래서 저 낭만식객이 발칙하게도 요리의 격을 높일 기본원칙들을 소개합니다.
조금은 생소할 각종 시판 향신료에 대한 정보를 드리고 양념·소스·국물을
집에서 손수 만드는 방법 등을 알려드릴 거예요. 첫눈에는 낯설겠지만,
자세히 보면 우리가 알게 모르게 항상 접하는 것들이니 너무 겁내지는 마세요.
낭만식객만 따라오시면 모든 게 해결될 테니까요!

발칙한 메뉴가 드리는 허브 & 향신료 이야기

음식에 허브와 향신료를 넣으면 음식의 나쁜 냄새를 없애고 허브 특유의 감미로운 향이 더해짐과 동시에 방부작용까지 기대할 수 있어요. 요리에 대한 미각을 한 단계 업그레이드시키고 싶다면 음식 맛을 다채롭게 살리는 허브와 향신료에 대해 알아두시는 것도 좋은 방법이 되겠죠. 발칙한 메뉴가 전해드리는 감미로운 허브와 향신료 이야기를 시작해볼까요?

로즈마리(Rosemary)
상큼하고 강렬한 향이 특징이에요. 서양요리에 많이 이용되는데, 고기의 누린내나 생선의 비린내를 없애고 풍미를 좋게 하는 역할을 해요. 로즈마리는 장시간 조리해도 향이 사라지지 않기 때문에 스튜나 수프, 소시지를 만들 때 이용하면 좋아요.

월계수잎(Bay Leaves)
수프, 스튜, 고기요리, 채소요리 등에 광범위하게 사용되는 월계수잎은 약간 쓴 맛이 나지만 건조시키면 달면서도 독특한 향이 나요. 서양요리에는 필수적일 만큼 널리 쓰이는 향신료로, 식욕을 증진시킬 뿐 아니라 풍미를 더하며 방부작용도 아주 뛰어나요.

바질(Basil)
바질은 토마토, 마늘과 잘 어울려 이탈리아 요리 전반에 걸쳐 없어서는 안 될 대표적인 허브예요. 태국 요리에도 꼭 필요한 재료죠. 달콤하고 특유의 자극적인 맛을 내는 것에 반해 잎이 매우 연하니 향을 잃지 않게 하려면 요리 시 마지막 단계에 넣어야 해요.

넛메그(Nutmeg)
육두구라고도 불리며, 달콤한 향이 나서 빵이나 과자를 만들 때 넣으면 우유나 달걀의 시큼한 냄새를 없애주고 부드러운 맛을 내는 역할을 해요. 화이트소스, 파스타 혹은 채소요리 등에 종종 이용돼요.

민트(Mint)
민트의 향은 기분을 상쾌하게 만들고 식욕을 돋우기 때문에 오래 전부터 유럽에서는 고기요리의 필수적인 향신료로 민트 소스를 사용해왔어요. 게다가 차로 즐기는 것은 물론, 살균·구취효과가 탁월해 잎을 갈아 피부 트러블이 있는 곳에 붙이면 좋은 효과를 볼 수 있어요. 디저트 장식으로도 종종 이용되며, 레몬즙과 함께 생수통에 넣어 운동할 때 마시면 좋아요.

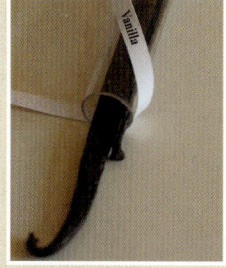

바닐라(Vanilla)
바닐라는 베이킹에서 절대로 빼놓을 수 없는 재료 중 하나로 비릿한 달걀 냄새와 밀가루의 잡냄새를 없애고 원재료의 맛을 돋우는 역할을 해요. 소스, 커스터드크림, 아이스크림 등에 맛과 향을 더하기 위해 쓰이는데, 바닐라액이 바닐라포드에 비해 가격이 저렴하고 쓰기가 용이하답니다.

계피가루(Cinnamon Powder)
달콤함과 매운맛을 동시에 지닌 이 계피가루는 인류 역사상 가장 오래된 향신료 중의 하나예요. 제빵, 제과, 떡, 잼, 고기요리 등에 주로 이용되죠.

카옌페퍼(Cayenne Pepper)
악마의 혀 혹은 뜨거운 불꽃이라는 애칭을 가지고 있는, 서양요리에서 보기 드물 정도로 아주 매운 맛을 가진 향신료예요. 느끼한 요리에 살짝 넣으면 거짓말처럼 음식의 맛이 칼칼해져요. 치즈와 아주 산뜻하게 잘 어울리며, 스콘이나 비스킷에 소량 이용하기도 해요.

칠리가루(Chili Powder)
여러 종류의 고추들을 갈아놓은 것으로 카레, 남미 요리, 멕시코 요리 등에 자주 이용돼요.

사프란(Saffron)
실고추와 생김새가 비슷한 사프란은 특유의 색채가 있어 주로 파엘라 같은 쌀요리의 향신료로 자주 이용돼요. 수술을 따서 말린 것으로 그 향이 매우 은은하고 감미롭죠. 세상에서 가장 비싼 향신료로 알려져 있어요.

오레가노(Oregano)
토마토와 잘 어울리는 허브로, 바질과 함께 지중해 연안의 나라에서 대중적으로 사용되는 허브 중의 하나예요. 이탈리아 요리와 멕시코 요리에 종종 이용되며 살균, 소독, 해독, 소화촉진, 위 보호에 좋아요.

레몬그라스(Lemon Grass)
레몬 향을 가진 허브로 동남아 요리에 자주 이용돼요. 소화촉진 기능까지 있어 식후에 차로 마시면 좋아요.

칠리 플레이크(Crushed Chilies)
말 그대로 말려서 으깬 고추로 오일에 살짝 볶아 조리를 하면 음식의 느끼한 맛을 감소시키면서 색다른 매운 맛을 내요. 집에 준비되어 있지 않을 때는 한국의 마른 고추를 부숴서 사용해도 무방합니다.

차이브(Chive)
부드러운 양파 향이 나는 허브로 잘게 다져 각종 요리에 뿌리면 상큼한 맛을 즐길 수 있어요. 달걀, 치즈, 샐러드, 수프, 생선요리, 닭고기요리에 주로 이용해요.

코리엔더(Coriander)
고수잎이라 불리는 이 코리엔더는 태국 요리나 베트남 요리에 특히 많이 쓰이는 허브예요. 기름진 음식을 담백하게 하는 특성이 있어요. 가루로도 판매되고 있어요.

타임(Thyme)
채소, 육류, 어패류, 달걀 등 거의 모든 요리에 두루 잘 어울리는 허브예요. 특히 타임으로 우려낸 차는 혈액순환을 좋게 하며, 꿀을 섞어 마시면 불면증에 좋다고 해요.

파슬리(Parsley)
잎을 잘게 다져 샐러드, 파스타 등에 뿌려 먹어요. 파슬리는 서양요리에 빠져서는 안 되는 필수 허브이며, 음식을 장식할 때도 자주 이용돼요.

통후추(Pepper Corn)
전 세계적으로 널리 쓰이는 통후추는 고기의 누린내나 생선의 비린내를 감추며 미각을 자극해 식욕을 돋우는 효과가 있어요.

큐민(Cumin)
다른 냄새를 모두 감출 정도로 톡 쏘는 쓴 맛이 특징이에요. 그 특유의 진한 향은 우리네 입맛에는 다소 거부감이 느껴지죠. 이집트와 로마시대 때부터 고기요리를 할 때 후춧가루처럼 사용되어왔으며, 특히 인도에서는 카레가루의 혼합 재료로 중요하게 이용되고 있어요.

태국고추(Thai Chilies)
혓바닥이 따가울 정도로 아주 매운 고추로 베트남 요리나 태국 요리에 자주 이용돼요. 피클로 담가 먹기도 하고 말려서 양념재료로 활용해도 좋아요.

발칙한 메뉴가 사용하는
색다른 시판 양념소스들

우리 집 부엌에는 레스토랑 못지않게 다양한 버전으로 맛을 내는 쓰임새 많은 이색적인 양념소스들이 많이 있어요.
자, 그럼 여러분의 식탁을 색다르게 업그레이드시켜줄 맛깔 나는 재주꾼들을 만나볼까요?

두반장, 해선장, 굴소스
두반장은 중국 사천지방의 매운 양념으로 마파두부, 칠리새우 같은 볶음요리에 자주 이용돼요. 해선장소스는 새콤하고 달콤하고 짭조름한 맛을 가지고 있어 볶음요리, 디핑소스, 찜요리 등 아주 다양한 용도로 활용되죠. 우리에게 너무도 친숙한 굴소스는 고기를 재울 때 사용하거나, 간장 대신 볶음이나 조림요리에 조금 넣으면 중화요리 특유의 향과 감칠맛을 더할 수 있어요. 하지만 굴소스는 너무 많이 넣으면 느끼하고 짜니 양 조절에 신경 쓰세요.

발사믹식초, 와인식초
발사믹식초는 포도로 만든 식초로 깊이가 느껴지는 검붉은 색상과 식초 특유의 새콤한 맛, 깊은 단맛을 가지고 있으며 입 안에 상큼한 여운을 남겨요. 빵을 찍어 먹을 때뿐만 아니라 샐러드드레싱에서 드링크, 디저트 까지 다양하게 활용되고 있어요. 와인식초는 일반 식초에 비해 뒷맛이 깔끔해 각종 요리소스나 샐러드드레싱의 재료로 이용되죠.

가다랑어포
딱딱하게 말린 가다랑어 덩어리를 대패로 얇게 밀어서 만든 포예요. 고단백 식품이며, 국물을 낼 때와 음식을 돋보이게 하는 요리장식 등 각종 일본 요리에 다양하게 이용돼요.

스톡
서양요리, 그중에서 국물요리를 할 때 편리하게 이용할 수 있는 인스턴트 스톡은 닭, 돼지고기, 쇠고기, 생선, 양고기, 채소 등 다양한 종류가 있어요. 이 책에는 주로 치킨스톡이 많이 등장해요.

칠미(시치미)
달고, 맵고, 시고, 쓰고, 짜고, 떫고, 싱거운 맛 등 7가지 맛을 낸다는 이 향신료는 산초, 겨자, 대마씨, 검은깨, 진피, 고춧가루, 구운 고춧가루를 섞어 만든 일본의 혼합 향신료예요. 주로 매운맛을 내고 싶을 때 사용해요. 우동에 살짝 뿌려 먹거나 각종 샐러드와 무침요리에 넣으면 좋아요.

옐로우빈, 블랙빈
중화요리에 자주 등장하는 양념으로 오랜 기간 콩을 숙성시켜 만든 것이에요. 찜과 볶음요리에 주로 이용되는데, 특히 블랙빈소스는 게와 가재와 같은 해산물요리와 환상적인 궁합을 이뤄요.

올리브오일
주로 서양요리에서 고기를 익히거나 채소를 구울 때, 차가운 전채요리나 샐러드드레싱을 만들 때 쓰였으나 웰빙 바람을 타고 콩기름 대신 부침요리를 할 때도 쓰이는 등 우리 식생활에서 점점 그 쓰임새가 다양해지고 있어요. 최근에는 허브를 가미한 다양한 맛과 향을 지닌 올리브오일들이 출시되고 있답니다.

우스터소스, 안초비
우스터소스는 시중에서 구하기도 쉽고 서양요리에서 우리네 간장의 역할을 해 퓨전요리를 할 때는 단골 재료로 쓰여요. 시고 짠맛이 나는 특성이 있어 주로 고기요리에 이용되며, 고기 누린내를 제거하고 육질을 부드럽게 하는 특성이 있어요. 안초비는 서양멸치의 일종으로 파스타와 샐러드, 피자 등에 두루 이용돼요.

양겨자
비교적 매운 서양겨자의 하나로 끝맛이 살짝 시큼한 것이 특징이에요. 주로 스테이크에 곁들여 먹어요.

옥수수가루
각종 이탈리아 요리에 다양하게 활용되고 있으며, 피자를 구울 때 용기 바닥에 약간 뿌려서 구워내면 피자가 용기에 들러붙는 것을 방지할 수 있어요.

와인
서양요리에서 주로 이용되는 식재료예요. 화이트와인은 생선과 어패류요리에 많이 활용되고, 레드와인은 여러 종류의 소스나 스튜 등에 이용돼요.

칠리오일
한국의 고추기름과 비슷해요. 우리네 입맛에도 잘 맞아 중화요리뿐만 아니라 한국 음식이나, 서양요리에도 적극 활용되고 있어요.

일본간장, 혼다시, 참깨소스
일본간장은 한국의 진간장에 비해 짠맛이 덜하고 달달한 감칠맛이 있고, 은은한 여운이 감도는 뒷맛이 일품이에요. 깊은 맛을 내는 한식의 국물요리보다는 일본식 탕이나 우동, 샤브샤브, 메밀국수 디핑소스 등에 이용하죠. 혼다시는 국물 맛을 내는 일본 조미료이며, 참깨소스는 대표적인 일본식 샐러드소스로 부드럽고 고소한 맛이 특징이에요.

베이킹파우더, 베이킹소다, 이스트
반죽을 부풀게 하는 팽창제예요. 베이킹파우더·소다는 보통 제과류를 만들 때 이용하는데, 베이킹소다는 쓴맛이 강해 향이 강한 쿠키나 케이크에 이용되는 반면 베이킹파우더는 소다의 쓴맛을 제거해서 만든 것으로 바닐라 향이나 크림류의 케이크, 쿠키를 만들 때 사용해요. 이스트는 제빵류를 만들 때 넣는데, 생이스트보다는 사용이 편리한 드라이이스트를 주로 사용해요.

스리라차 칠리소스, 스위트 칠리소스
스리라차 칠리소스는 매운 양념소스로 태국 요리에 곁들여 먹지만 각종 퓨전볶음요리에 넣으면 색다른 매운맛을 즐길 수 있어요. 스위트 칠리소스는 볶음요리에도 이용되고 바삭하게 튀긴 춘권이나 핫윙 등을 찍어 먹으면 달콤함이 가미된 이국적인 매운맛을 느낄 수 있어요.

피시소스, 타마린드소스
한국의 액젓과 맛이 비슷한 피시소스는 채소 샐러드나 볶음밥, 국물이 있는 요리의 간을 할 때, 국수의 비빔소스로, 튀김이나 구이의 디핑소스 등으로 아주 다양하게 이용돼요. 타마린드소스는 달콤하면서 톡 쏘는 신맛이 특징인데 팟타이, 동남아식 생선찜, 볶음밥 등에 걸쳐 다양하게 활용되고 있어요.

차슈가루
차슈를 만들 때 맛과 색을 더하는 중국식 인스턴트 조미료예요.

캔토마토
비상시에 생토마토 대용으로 사용할 수 있으며, 파스타와 같은 이탈리아 요리에 자주 이용돼요.

토마토퓌레, 파스타소스
토마토퓌레는 토마토를 농축시킨 양념으로 스파게티나 오븐요리에 이용되고, 파스타소스는 집에 한두 개 정도 구입해놓으면 여러 방면으로 두루 활용할 수 있어 편리해요.

타바스코소스
핫소스의 한 종류인 타바스코는 시큼하고 불같이 매운맛이 나요. 주로 디핑소스나 샐러드소스, 칵테일 등에 이용돼요.

발칙한 메뉴를 빛내는
야무진 조리도구들

발칙한 메뉴를 빛내는 아기자기한 주방소품들을 소개합니다. 누구나 가지고 있는 도구들은 제외하고 요리를 편하게 해주는 아이디어 소품과 베이킹 도구 위주로 소개해요. 이 야무진 녀석들이 있어 요리하는 재미가 쏠쏠하답니다.

고기망치
고기를 연하게 하기 위해 두들길 때 주로 이용되지만 더덕이나 도라지 등 단단한 뿌리채소를 두들길 때도 편리하게 쓸 수 있어요.

믹싱볼
반죽할 때, 양념할 때 등 다양하게 사용되는 도구인데요. 크기별로 있으면 아주 편리해요.

감귤류 스퀴저
레몬이나 오렌지의 즙을 짜낼 때 이용하는데, 씨앗을 걸러주는 기능도 있어 손으로 직접 짜는 것보다 편리하며, 많은 양의 즙을 짤 수 있어요.

계량저울
대부분 계량컵이나 계량스푼을 이용하지만 베이킹을 할 때나 더 정확한 계량이 필요할 때 계량저울을 사용하면 편리해요.

체
여과하는 도구로 과일, 채소, 국수, 스파게티 등을 삶아 건져 물기를 뺄 때 용이해요. 또한 밀가루와 베이킹파우더 같은 가루류를 곱게 내리거나 맛차, 슈거파우더, 코코아가루 등으로 베이커리를 장식할 때 주로 이용해요.

계량컵, 계량스푼
요리 재료의 양을 잴 때 매우 편리해요. 계량컵은 스테인리스나 유리 혹은 자기 등으로 만들어지는데, 스테인리스나 자기로 만든 것은 계량눈금을 읽기가 다소 어려워요. 그리고 유리 제품은 계량 측정은 쉬우나 깨지기 쉬운 단점이 있어요. 취향에 맞게 골라 구입하세요.

키친타이머
시간을 틈틈이 체크하기 어려울 때 필요한 도구예요. 가능하면 큰 소리로 시간을 알리는 제품을 구입하는 게 편리해요.

짤주머니
짤주머니와 모양깍지로 구성되어 있으며, 베이킹 시 생크림이나 반죽을 넣어 모양을 낼 때 이용해요.

곡물주걱
쌀이나 가루류를 퍼 담을 때 매우 편리해요.

오븐트레이, 롤케이크 틀, 오븐장갑
오븐트레이는 베이킹뿐만 아니라 요리를 할 때도 자주 이용되며 롤케이크 틀은 롤케이크를 만들 때 이용해요. 이때 오븐장갑은 필수예요.

달걀분리기
달걀노른자와 달걀흰자를 쉽게 분리할 수 있는 도구예요.

피자트레이, 밀대
구멍이 송송 뚫린 피자트레이는 피자 전체가 골고루 구워지는 것을 도와요. 밀대는 반죽을 고르게 늘리거나 평평하게 만들 때 이용해요. 보통 쿠키, 타르트, 파이 등을 만들 때 사용하거나 호두, 피칸, 쿠키 등을 부술 때도 용이하게 이용된답니다.

거품기, 전기휘핑기
거품기는 달걀이나 반죽을 섞을 때 주로 이용하는데, 손잡이를 잡았을 때 편하고 튼튼한 느낌을 주는 것이 좋아요. 전기휘핑기는 거품기와 비슷한 용도로 사용되는데, 휘핑하는 시간과 수고를 줄일 수 있다는 장점이 있어요.

밀대, 타르트 용기
타르트 용기는 파이, 타르트, 키쉬 등을 만들 때 사용돼요.

브러시, 고무주걱, 거품기, 빵칼(왼쪽부터)
브러시는 실리콘 재질을 많이 이용하는데 시럽, 달걀, 우유를 바를 때 써요. 고무주걱은 반죽을 섞을 때나 반죽을 깔끔하게 옮겨 담을 때 아주 용이해요. 끝에 쇠구슬이 달린 도구는 달걀 멍울을 풀거나 소스나 드레싱을 섞을 때 이용되는 거품기랍니다. 빵칼은 빵이나 케이크를 자를 때 이용하는 필수 베이킹 도구예요.

각종 케이크 틀
케이크 틀은 크기와 모양이 다양해요. 제일 보편적으로 쓰이는 20cm 원형 케이크 틀은 스펀지케이크(기본 제누아즈)를 만들 때 주로 이용하고, 직사각형의 파운드케이크 틀은 파운드케이크뿐 아니라 식빵을 구울 때도 종종 이용해요. 깊이가 낮은 원형 틀과 사각 틀은 브라우니나 포카치아를 구울 때 이용한답니다.

머핀 틀, 머핀페이퍼
작은 케이크나 머핀, 요크셔푸딩을 만들 때 활용해요. 머핀페이퍼를 이용하면 머핀 틀에 케이크 반죽이 들러붙지 않아 깔끔하게 빼낼 수 있으며, 동시에 개별포장이 되기 때문에 편리해요.

유산지
케이크나 쿠키를 구울 때 바닥에 깔아 케이크나 쿠키가 틀에 눌어붙지 않게 하고 깨끗하게 떼어내기 위해 쓰이는 베이킹용 종이랍니다.

무스링
무스링은 무스케이크, 고구마케이크, 치즈케이크 등 굽지 않는 케이크를 만들 때 이용하는 도구로 밑바닥이 없는 케이크 틀을 말해요. 특히 멀티 무스링은 케이크 사이즈를 자유자재로 조절할 수 있어 매우 편리하답니다.

식망
빵, 케이크 혹은 쿠키를 식힐 때 이용되는 도구예요. 녹이 잘 슬지 않는 재질로 구입하세요.

수플레, 오븐용기
수플레와 오븐용기는 자기나 유리재질로 만들어지는데, 수플레나 티라미수를 만들 때 주로 이용해요.

소스팬
작은 냄비 크기의 팬으로 뚜껑이 없고 가장자리에 주둥이가 있어 소스, 우유 혹은 시럽 같은 액체류를 조리하다가 다른 그릇에 따라낼 때 아주 용이해요.

돌림판, 스패튤라
케이크에 생크림을 매끄럽게 바를 때 유용하게 쓰이는 도구들이랍니다. 돌림판은 보통 플라스틱, 스테인리스, 대리석 등 다양한 재질로 만들어져 있고요. 스패튤라는 크림, 버터 아이싱 등을 펴 바를 때 주로 사용하지만 뜨겁게 구워진 쿠키를 옮겨 담을 때도 편리하게 이용할 수 있어요.

각종 요리에 적용되는 친절한 쿠킹 팁들

요리를 하다 보면 문득문득 떠오르는 궁금증들. 그 궁금증들에 대한 저 나름의 해답을 여기에 담아보았어요.

바삭한 튀김 반죽 만들기

튀김 반죽의 황금비율은 달걀&얼음물:밀가루=1:1이에요. 달걀 1개를 풀고 얼음물을 부어 200ml에 맞추고, 밀가루를 200ml 컵에 가득 담아 달걀&얼음물과 섞고 적당히 저어요. 튀기는 도중 얼음이 다 녹아버리면 얼음 한두 덩이를 더 넣어 반죽 온도를 차갑게 유지해요. 각자의 기호에 따라 고추냉이가루나 김가루를 넣으면 색다른 튀김의 맛을 즐길 수 있어요.

TIP 달걀&얼음물과 밀가루를 섞어 너무 많이 저으면 반죽이 걸쭉해져서 튀김을 바삭하게 튀겨낼 수 없으니 주의하세요.

달걀 데치기

냄비에 충분한 물과 와인식초 3스푼을 넣어 끓여요. 물을 끓이는 동안 준비한 달걀을 깨서 작은 종지에 1개씩 나눠 담아요. 물이 끓어오르면 물방울이 보글보글 끓어오르는 쪽에 달걀을 조심스럽게 부어 넣고 1분 30초에서 2분 정도 데쳐요. 달걀을 한 냄비에 4개까지만 넣어야 해요. 차가운 요리에 이용할 경우 데친 달걀은 얼음물에 10분 정도 담갔다가 건져 물기를 제거한 뒤 이용하고요. 따뜻한 요리에 이용할 경우에는 끓는 물에서 건져 물기를 제거한 뒤 바로 이용하세요.

바삭바삭 빵가루 만들기

유통기한 내에 식빵 한 봉지를 다 먹는 건 그리 쉬운 일이 아니죠. 식빵이 애매하게 남는 경우 난감할 때가 종종 있는데 약간의 부지런함을 발휘해 튀김요리를 할 때 요긴하게 쓸 수 있는 빵가루를 집에서 직접 만들어보아요. 150℃로 예열된 오븐에 빵을 넣고 10~15분간 앞뒤로 뒤집어가며 빵에 있는 수분을 완벽하게 제거해주세요. 그런 다음 손으로 부숴 블렌더에 넣고 갈아요. 곱게 간 빵가루는 비닐봉지에 밀봉해 냉동실에 보관해요.

달걀지단 슬림하게 부치기

달걀 2개를 준비해 흰자는 흰자끼리 노른자는 노른자끼리 담아요. 달걀노른자에 물 0.3스푼과 식초 1~2방울, 녹말가루 아주 약간을 넣고 휘저어요. 흰자는 식초 1~2방울과 녹말가루 약간을 넣고 잘 풀어요. 팬이 달궈지면 키친타월에 식용유를 묻혀 닦고 불을 끄고 식혀요. 팬이 미지근하게 식으면 다시 불을 켜서 약불을 유지한 채 달걀노른자를 팬에 붓고 재빨리 넓게 펴요. 한쪽 면이 익으면 긴 나무꼬챙이로 뒤집은 후 바로 꺼내 식혀요. 흰자도 같은 방법으로 부쳐요.

토마토 껍질 매끄럽게 벗기기
토마토에 십자로 칼집을 내고 끓는 물에 10~15초간 넣었다가 건져내 찬물에 담가 식힌 뒤 껍질을 조심스럽게 벗겨요.

쫄깃쫄깃 탄력 만빵 스파게티 삶기
스파게티 1/2줌(100g)당 1L의 물을 준비하세요. 여기에 소금 0.7스푼을 넣고 끓여요. 팔팔 끓으면 스파게티를 넣고 10~12분간 삶아요. 이때 스파게티 면발을 윤기 나게 하고 싶다면 물이 끓을 때 올리브오일 0.3스푼을 넣으세요.

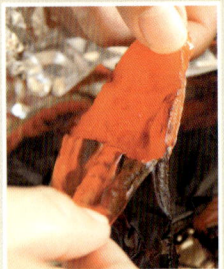

파프리카&피망 껍질 매끄럽게 벗기기
파프리카&피망을 4등분한 뒤 씨를 제거해요. 오븐트레이에 알루미늄포일을 깔고 껍질 면이 위로 오게 파프리카&피망을 담은 뒤 예열된 그릴에 넣고 껍질이 검게 탈 정도로 구워요. 구워낸 파프리카&피망을 뜨거운 알루미늄포일로 단단히 감싼 뒤 10분간 실온에서 서서히 식히며 익혀요. 10분이 지나면 알루미늄포일을 걷어내고 결을 따라 파프리카&피망 껍질을 벗겨냅니다. 이렇게 껍질을 벗겨 조리를 하게 되면 한결 더 부드럽고 진한 파프리카&피망의 맛을 즐길 수 있어요.

알뜰살뜰하게 쿠르통 만들기
바게트나 식빵이 어중간하게 남아 난감하다면 쿠르통을 만들어 바삭한 스낵으로 즐기거나 샐러드나 따끈한 수프에 곁들여 먹어요. 식빵 5장을 기준으로 쿠르통 만드는 법을 알려 드릴게요. 빵을 한 입 크기로 자른 다음 올리브오일 3~4스푼, 다진 파슬리 2~3스푼, 다진 마늘 0.7스푼, 파머산치즈가루 1.5스푼을 넣고 고루 버무려요. 그 다음에 160℃로 예열된 오븐에 넣고 10~15분가량 바삭하게 구우면 완성이랍니다.

시원하게 무 갈기
강판이나 블렌더로 무를 곱게 간 후 체에 걸러 물기를 제거해요. 생선구이나 달걀말이에 곁들이거나 메밀국수소스 혹은 튀김소스에 넣어 먹어요. 각자의 기호에 따라 다진 파, 다진 생강 혹은 다진 매실절임을 곁들이셔도 좋아요.

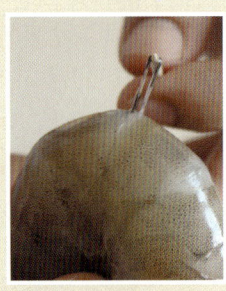

탱글탱글 새우 손질하기
머리와 껍질을 제거하고 새우등 2~3번째 마디에 이쑤시개를 푹 찔러 넣어서 검정색 내장을 빼내요. 이 내장을 제거하지 않으면 맛이 비릴 뿐 아니라 쓴맛이 나요. 새우꼬리 중앙에 물총이라 불리는 뾰족한 가시 같은 것을 발견할 수 있는데 이 물총을 제거하지 않으면 튀길 때 물총이 터져 기름이 사방으로 튀는 경우가 있으니 튀김요리 시에는 칼로 살짝 잘라내는 것도 잊지 마세요.

똑 소리 나게 양념장 만들기

모든 요리의 비법은 양념장에 있다고 해도 과언이 아니죠. 제 친구들에게도 절대 가르쳐주지 않는 발칙표 양념장을 거침없이 소개해드릴게요. 만들기는 아주 간단하답니다. 아래 분량의 재료들을 준비해 한데 넣고 뭉침 없이 고루 섞으면 후다닥 완성이죠.

홈메이드 1

초간장 디핑소스
진간장 6스푼, 다시마국물 혹은 다시마&가다랑어국물 혹은 물 3스푼, 식초 3스푼, 설탕 1.5스푼, 다진 파 3스푼, 다진 마늘 0.3스푼, 송송 썬 붉은 고추와 풋고추 각각 1/2개분을 한데 넣고 고루 섞어 쓰세요.

새콤매콤 사과비빔양념장
갈은 사과 3스푼, 고춧가루 1.5스푼, 고추장 4~5스푼, 진간장 1.5스푼, 물엿 1스푼, 설탕 1.5스푼, 다진 마늘 1.5스푼, 깨소금 1.5스푼, 참기름 1.5스푼을 한데 넣고 고루 섞어 쓰세요.

칼칼한 수제비 다대기
고춧가루 2~3스푼, 진간장 0.7스푼, 청주 1.5스푼, 까나리액젓 0.3스푼, 뜨거운 물 1스푼, 깨소금 1스푼, 참기름 0.3스푼, 다진 마늘 1스푼, 설탕 0.2스푼을 한데 넣고 고루 섞어 쓰세요.

고소한 참치쌈장
통조림 참치 4.5스푼(45g), 고추장 2스푼, 된장 1스푼, 다진 파 1.5스푼, 다진 마늘 0.5스푼, 설탕 0.3스푼, 물엿 0.3스푼, 통깨 0.3스푼, 참기름 0.2스푼을 한데 넣고 고루 섞어 쓰세요.

앙칼진 마늘&고추양념장
다진 풋고추 2/3개, 다진 붉은 고추 2/3개, 다진 마늘 0.3스푼, 진간장 8~9스푼을 한데 넣고 고루 섞어 쓰세요.

담백한 녹차튀김디핑소스
녹차 0.5스푼, 소금 0.3스푼을 한데 넣고 고루 섞어 쓰세요.

튀김디핑소스
다시마&가다랑어국물 1컵, 맛술 5스푼, 일본간장 혹은 다시마간장 5스푼을 한데 넣고 끓여 식혀요. 갈은 무와 다진 파를 살짝 곁들이시는 것, 잊지 마세요.

기본 쌈장
미소 3스푼, 고추장 3스푼, 물엿 2.3스푼, 다진 마늘 0.7스푼, 설탕 1.5스푼, 깨소금 0.7스푼, 참기름 0.7스푼을 한데 넣고 고루 섞어 쓰세요.

구수한 국물 내기

미리 만들어두면 요긴한 국물 내는 법이랍니다. 자연 그대로의 감칠맛이 그대로 우러난 천연 국물! 한꺼번에 많이 만들어서 냉동실에 넣어두면 한 달까지도 보관이 가능하니 주말에 잠깐 시간 내서 만들어두세요. 건강은 건강할 때 지켜야 하는 법!

다시마국물
다시마 10cm 크기 2장을 깨끗한 행주로 닦아낸 뒤 찬물에서 15분간 불려요. 냄비에 물 2L, 불린 다시마를 넣고 끓여요. 보글보글 끓으면 불에서 내려 다시마를 건져내고 청주 2스푼을 넣어 특유의 비린맛을 없앤 뒤 용기에 담아 냉장고에 보관해요.

멸치&다시마국물
5cm 크기의 다시마 2장을 행주로 깨끗이 닦고 국물용 멸치 12~15마리는 머리와 내장을 제거해요. 기름을 두르지 않은 냄비에 멸치를 넣고 볶다가 물 1.2L와 청주 2스푼을 넣고 끓여요. 물이 끓기 시작하면 다시마를 넣고 8~10분간 끓인 뒤 다시마와 멸치를 건져내고 면보자기에 밭쳐 맑은 국물만 냉장고에 보관해요. 다시마를 너무 오래 끓이면 끈적이는 점액이 나와 국물이 걸쭉해질 수 있으니 주의하세요.

다시마&가다랑어국물
다시마 5cm 크기 2장을 행주로 닦은 뒤 물 1.5L를 붓고 센 불에서 끓여요. 물이 끓어오르면 찬물 6스푼을 부은 뒤 가다랑어포 2와 1/3컵(23g)을 넣어요. 물이 다시 끓어오르면 불을 낮추고 15분간 국물을 충분히 우리고 불에서 내려요. 면보자기에 밭쳐 맑은 국물만 받아요.

멸치국물
국물용 멸치 1큰줌(35g)을 준비해 머리와 내장을 제거한 뒤 뜨거운 마른 팬에 볶아서 멸치 특유의 비린 맛을 없애요. 여기에 물 2L를 붓고 대파 2대와 청주 3스푼을 넣고 끓여요. 국물이 끓어오르면 뭉근한 불에서 10~15분간 우린 뒤 멸치와 파는 건져내고 맑은 국물만 용기에 담아 냉장고에 보관해두고 쓰세요.

조개국물
모시조개 혹은 바지락 약 2줌(170g)을 깨끗하게 문질러 씻어 소금물에 하룻밤 충분히 해감한 뒤 대파 2대, 마늘 5쪽, 물 2L를 넣고 끓여요. 조개가 입을 벌리면 냄비를 불에서 내리고 국물을 체에 밭쳐 조개는 건져 따로 보관하고, 맑은 국물은 용기에 담아 냉장고에 넣고 사용하세요.

새우&조개국물
냄비에 물 2L를 붓고 치킨스톡 1스푼을 넣어 끓여요. 물이 끓어오르면 새우머리 12개와 모시조개 혹은 바지락 약 4줌(350g)을 넣어 끓여요. 새우머리에서 나온 붉은 거품은 재빨리 숟가락이나 한지로 걷어내고 조개가 입을 활짝 벌리면 불에서 내려 면보자기나 체에 밭쳐 맑은 국물만 냉장고에 보관해요.

사골국물
사골 1kg을 찬물에 3시간 정도 담아 핏물을 뺀 뒤 물을 넉넉히 붓고 센 불에서 팔팔 끓여요. 이때 검붉은 물은 버려요. 이 과정을 2~3번 해주세요. 그래야 뽀얀 국물을 우릴 수 있어요. 새로이 물 2.5L를 붓고 대파 5대, 마늘 5쪽, 통후추 5알, 무 1/4개(250g), 양파 1개를 넣고 센 불에서 끓이다가 국물이 끓어오르면 불을 낮추고 국물이 진하게 우러나올 때까지 푹 고아요. 중간중간 생기는 검은 거품은 틈틈이 걷어내요. 이때 사골국물은 면보자기에 밭쳐야 기름이 뜨지 않아요. 국물을 차게 식혀 굳혀진 기름을 걷어내는 것도 기름을 뜨지 않게 하는 한 방법이에요.

똑 소리 나게 각종 요리소스 만들기

서양요리와 퓨전요리를 할 때 없어서는 안 되는 각종 요리소스들, 이젠 집에서 손수 만들어 쓰세요.

생선튀김에 딱! 타르타르소스
달걀 3개를 완숙으로 삶아 노른자만 분리한 뒤 포크를 이용해 곱게 부숴요. 여기에 잘게 다진 양파 1개, 마요네즈 1과3/4컵(350ml), 잘게 다진 차이브잎 4~5스푼을 넣고 고루 섞은 뒤 소금과 후춧가루로 살짝 간하세요.

꼬시다 꼬셔~ 마요네즈
큰 그릇에 달걀노른자 1개에 레몬즙 1스푼 혹은 와인식초 2스푼, 디종머스터드 1스푼을 넣고 잘 휘저어요. 이때 1과3/4컵(350ml)의 식용유를 조금씩 지속적으로 넣어가며 부지런히 저어요. 마요네즈가 걸쭉해지면 소금과 후춧가루로 살짝 간하여 마무리해요.

TIP 실온에서 1~2시간 정도 보관한 재료들을 이용하세요.

따끈하게 업그레이드된 마요네즈, 홀랜다이즈소스
약불에서 버터 12.5스푼(125g)을 뭉근히 녹인 뒤 위에 떠오르는 하얀 알갱이들을 걷어내요. 큰 그릇에 달걀노른자 2개, 와인식초 0.2스푼과 소금 약간을 넣고 손끝에 물을 묻혀 살짝 뿌린 뒤 3~4분간 거품기로 휘저어요. 소스팬에 물을 넣어 약불에서 끓여요. 물이 끓으면 달걀혼합물이 들어 있는 그릇을 얹어 3~5분간 중탕을 해요. 이때 혼합물의 색이 뽀얗고 걸쭉해질 때까지 부지런히 저어요. 다 되면 녹은 버터에 조금씩 부으며 거품기로 저은 뒤 레몬즙 0.3스푼을 넣어서 소스를 완성해요. 이 소스는 해산물요리나 채소요리에 잘 어울리는 세계 5대 소스 중에 하나로 그 맛의 명성이 아주 자자하답니다.

신선하게 즐기는 토마토소스
베이컨 10장, 양파 4개, 당근 3개, 셀러리 1개를 잘게 다져요. 팬에 버터 1.5스푼을 넣고 녹인 뒤 다진 베이컨·양파·당근·셀러리를 넣고 색이 변하지 않을 정도로만 볶아요. 여기에 토마토퓌레 3/4컵(150g)을 넣고 1~2분간 더 볶다가 밀가루 6스푼을 넣어요. 밀가루가 잘 섞이면 껍질을 벗겨 잘게 다진 싱싱한 토마토 20개를 넣고 계속해서 볶다가 1L의 물과 치킨스톡 2스푼을 넣고 끓여요. 국물이 끓으면 다진 마늘 1.5스푼과 싱싱한 바질잎 1작은줌(30g)을 넣고 약불에서 2시간가량 조린 뒤 불에서 내려서 완성해요. 각자 기호에 따라 소금, 후춧가루로 간해요. 만약 부드러운 소스를 원한다면 믹서에 넣고 곱게 갈아서 냉장고에 보관하세요.

달콤한 사과소스

껍질을 까 깍둑 썬 사과 2개(530g)와 레모네이드 혹은 사이다 5/8컵(125ml)를 한데 넣고 약불에서 30분간 사과의 질감이 흐물흐물해질 때까지 조린 뒤 사과 입자가 씹힐 정도로만 블렌더로 살짝 으깨요. 사과소스는 돼지고기와 환상적인 맛의 궁합을 자랑해요. 돼지고기 특유의 누린내를 감춰주는 동시에 육질의 맛을 한 단계 업그레이드하는 역할을 해준답니다.

페스토

바질잎 2줌(80g), 올리브오일 8스푼(80ml), 잣 5스푼, 다진 마늘 0.3스푼, 파머산치즈가루 3스푼, 소금 0.1스푼을 한데 넣고 블렌더로 갈아서 냉장 보관하세요. 페스토는 파스타, 파니니, 수프, 피자 등 각종 이탈리아 요리에 두루 이용되는 이탈리아 대표 소스 중에 하나랍니다.

오리엔탈 참깨소스

참깨 3/5컵(50g)을 살짝 볶아 곱게 갈아요. 여기에 다시마&가다랑어국물 3/5컵(120ml), 미소 0.5스푼, 설탕 1스푼, 일본간장 혹은 다시마간장 1스푼을 넣고 블렌더로 부드럽게 갈아요. 데친 녹색채소에 곁들이면 좋은 고소한 소스랍니다. 샐러드 드레싱이나 샌드위치 소스를 만들 때 활용하셔도 좋아요.

지중해 마늘마요네즈, 아이올리소스

푸드프로세서에 달걀노른자 2개, 다진 마늘 1스푼, 와인식초나 레몬즙 1.5스푼을 넣고 섞어요. 올리브오일 5/8컵(125ml)과 식용유 5/8컵(125ml)을 한데 섞고 혼합물이 걸쭉해질 때까지 전기휘핑기로 계속해서 섞어요. 만약 드레싱이 너무 걸쭉해졌다고 생각되면 와인식초나 레몬즙을 더 넣어 농도를 맞춰요. 각자의 기호에 따라 소금과 후춧가루로 간해요. 냉장고에서 4~5일 정도 보관해두고 쓰세요. 해산물요리에 잘 어울리는 소스로 마늘이 들어가 느끼한 느낌이 없어요. 그래서 튀김요리에 곁들여 먹어도 좋은, 한국인들의 입맛에 제법 잘 어울리는 소스랍니다.

똑 소리 나게 샐러드 드레싱 만들기

대형 마트에 가면 다양한 드레싱들이 진열대에 가득 놓여 있어요. 조금만 부지런함을 발휘하면 판매되고 있는 드레싱 그 이상의 맛을 가정에서 손쉽게 누리실 수 있어요. 만드는 법은 아주 간단해요. 재료들을 한꺼번에 블렌더에 넣고 갈거나 고루 섞어주면 뚝딱 완성이요!

여자 몸에 좋아, 생강&간장드레싱
일본간장 1.5스푼, 식초 2.3스푼, 참기름 0.5스푼, 식용유 1.5스푼, 다진 마늘 0.2스푼, 다진 생강 0.5스푼, 맛술 0.5스푼, 설탕 0.5스푼, 연겨자 0.2스푼을 한데 넣고 고루 섞어 쓰세요.

인기 폭발, 시저드레싱
달걀노른자 1개, 레몬즙 3스푼, 다진 마늘 0.3스푼, 디종 머스터드 0.3스푼, 안초비 5개, 올리브오일 9/10컵(180ml), 뜨거운 물 1.5스푼, 마요네즈 1.5스푼, 우스터소스 0.2스푼, 타바스코소스 약간을 블렌더에 넣고 갈아서 쓰세요.

입 안이 얼얼, 태국식 칠리드레싱
씨를 제거한 붉은 고추 2개, 레몬즙 8스푼, 올리브오일 7.5스푼, 참기름 2스푼, 진간장 2스푼, 까나리액젓 혹은 피시소스 1스푼, 설탕 1스푼, 다진 생강 1.5스푼, 마늘 3쪽, 바질잎 1작은줌(30g)을 한데 섞은 뒤 블렌더로 갈아서 쓰세요.

달콤한, 허니머스터드드레싱
와인식초 7스푼(70ml), 홀그레인 머스터드 5스푼, 꿀 6스푼, 마요네즈 10스푼(100ml)을 섞어 블렌더로 갈아요.

프랑스 니스풍의 클래식 비네그레트
다진 마늘 0.3스푼, 디종 머스터드 0.3스푼, 와인식초 혹은 과일식초 3스푼, 레몬즙 1큰술, 올리브오일 5/8컵(125ml), 설탕 0.2스푼, 소금 0.2스푼을 한데 넣고 고루 섞어 쓰세요.

이탈리안 발사믹&마늘드레싱
발사믹식초 1.5스푼, 레몬즙 6스푼(60ml), 마늘 3쪽, 올리브오일 9/10컵(180ml)을 한데 넣고 고루 섞어요.

짭조름한 오리엔탈 드레싱
진간장·식초·올리브오일 4.5스푼씩, 맛술 1스푼, 참기름 0.3스푼, 다진 마늘 0.3스푼을 한데 넣고 고루 섞어 쓰세요.

모차렐라 샐러드엔 심플 레몬드레싱
올리브오일 4.5스푼, 레몬즙 3스푼, 소금 0.1스푼, 후춧가루 0.1스푼을 한데 넣고 고루 섞어 쓰세요.

향기로운 바질 향, 페스토드레싱
다진 마늘 0.3스푼, 파머산치즈가루 3스푼, 잣 1.5스푼, 레몬즙 1.5스푼, 올리브오일 5/8컵(125ml), 바질잎 약간(15g)을 블렌더에 넣고 갈아서 쓰세요.

돈가스에 곁들이면 좋은 양파드레싱
양파 1/2개, 식용유 4.5스푼, 레모네이드 혹은 사이다 11스푼, 소금 0.1스푼, 사과 1/3개, 연겨자 0.2스푼, 오리엔탈 참깨소스 3스푼, 식초 3스푼, 설탕 2스푼, 꿀 1.5스푼, 후춧가루 약간을 블렌더에 넣고 곱게 갈아서 쓰세요.

반갑다, 고추장드레싱
참기름 3스푼, 뜨거운 물 3스푼, 치킨스톡 약간, 설탕 1스푼, 진간장 1스푼, 식초 1스푼, 맛술 0.5스푼, 고추장 1스푼을 한데 넣고 고루 섞어 쓰세요.

니쁜풍 코울슬로우드레싱
마요네즈 12.5스푼(125g), 현미식초 2스푼, 일본간장 혹은 다시마간장 1스푼, 설탕 0.5스푼, 청주 0.2스푼, 참기름 0.2스푼, 연겨자 0.2스푼, 후춧가루 약간을 한데 넣고 고루 섞어 쓰세요.

전문점보다 더 맛있게 피자도우, 파스타면, 케이크 제누아즈 만들기

피자를 좋아하고, 파스타를 좋아하고, 케이크를 좋아하는 모든 분들 다 모이세요. 가장 기본이 되는 도우, 파스타면, 제누아즈를 손수 빚어 먹을 때의 감동을 누려보도록 하세요. 제가 느꼈던 그때의 그 감동을 여러분도 손끝에서 제대로 느낄 수 있도록 도와드릴게요.

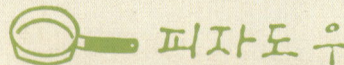 피자도우

재료(피자 2~3개분)
강력분 약 4와1/2컵(500g), 이스트 약 1.5스푼(10g), 소금 0.3스푼, 올리브오일 5스푼(50ml), 찬물 1과 1/3컵(270ml), 미지근한 물 5스푼(50ml), 여분의 밀가루

   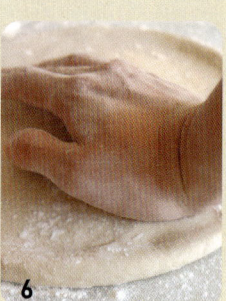

1. 분량의 강력분과 소금은 섞은 뒤 체에 내려요.
2. 이스트를 미지근한 물에 넣어 녹인 후 분량의 찬물, 올리브오일과 한데 섞어요.
3. 큰 그릇에 체 친 가루를 넣고 ②의 혼합물을 부어가며 반죽해요.

TIP 반죽이 처음에는 질게 될 수 있으나 반죽을 계속해서 치대면 부드럽고도 쫄깃한 질감을 만들어낼 수 있으니 질다고 해서 밀가루를 더 넣지 않도록 하세요. 이 과정을 열심히 해낸다면 피자 전문점 피자도우 이상의 바삭하고 쫄깃한 맛을 누릴 수가 있어요. 스스로가 대견하다고 여겨질 정도랍니다.

4. 반죽을 동그랗게 만들어 1시간가량 실온에서 발효를 시켜요. 만일 바삭한 피자도우를 맛보고 싶다면 하룻밤 냉장보관해요.
5. 반죽을 3덩이로 나눈 뒤 수건을 덮어 10~15분간 휴지시켜요.
6. 도마에 여분의 밀가루를 뿌리고 반죽을 밀대가 아닌 손바닥으로 동그랗게 빚어요. 이때 피자의 가장자리 부분은 안쪽 부분에 비해 두껍게 모양을 만들어요.

Cooking TIP
Pizza Margherita

피자도우 1장에 옥수수가루를 조금 뿌려 오븐트레이에 얹고 토마토소스 1스푼을 고루 바른 뒤 모차렐라치즈 1과1/2컵(120g)과 바질잎 몇 장을 흩뿌려주세요. 240℃에 예열된 오븐에 피자를 넣고 12분가량 가장자리가 바삭하게 구워질 때까지 구워냅니다. 너무나 간단하지만 기본에 충실한 깊은 맛으로 세상의 그 어떤 화려한 토핑으로 무장한 피자보다 더 큰 감동을 드릴 거라 자신합니다.

파스타면

재료(4인분)
세몰리나(이탈리아산 밀가루) 2컵 못미치는 양(300g), 달걀흰자 3개, 달걀노른자 5개, 올리브오일 2스푼, 소금 약간

1

2

4

5

1. 세몰리나와 소금을 한데 넣고 체 친 후 산처럼 쌓고 가운데에 달걀이 들어갈 정도의 공간을 만들어 달걀노른자 5개, 달걀흰자 3개, 올리브오일을 넣어요. 손가락 끝으로 달걀을 세몰리나에 고루 입혀가며 반죽해요.
2. 반죽을 부드러워질 때까지 치대요. 반죽이 너무 뻑뻑하다고 느껴지면 손가락 끝에 물을 묻혀 튀겨가며 반죽하세요.
3. 반죽이 어느 정도 부드러워지면 비닐 랩으로 꼼꼼하게 감싼 후 30분간 냉장보관해요.
4. 냉장고에서 꺼낸 반죽을 4등분한 뒤 작업대 위에 놓고 약간의 세몰리나를 살살 뿌려 밀대로 얇게 밀어요.
5. 반죽을 돌돌 말아 각자의 기호에 알맞은 너비로 채 썰어요. 자르는 너비에 따라 스파게티, 링귀네 등으로 나눌 수 있어요.

Cooking TIP
색다른 파스타들

파슬리 같은 허브를 가운데에 깔고 겹쳐 밀면 향이 좋은 허브파스타면이 되고, 오징어먹물이나 토마토퓌레 등을 섞어 반죽하면 색다른 풍미를 느낄 수 있는 색이 고운 파스타를 만들 수 있어요. 생파스타는 기존의 건조파스타에 비해 빨리 익으니 조리 시 끓는 물에 1~2분만 삶아 재빨리 건져 올리세요.

케이크의 기본, 제누아즈

재료(지름 18cm)
박력분 1컵 2스푼(120g), 베이킹파우더 0.7스푼, 달걀 4개, 설탕 4/5컵(130g), 우유 약 1/2컵(95ml), 식용유 약 1/2컵(95ml)

1. 박력분과 베이킹파우더는 섞어 2~3번 정도 체에 내려요.
2. 달걀을 흰자와 노른자로 분리하여 각각의 볼에 나눠 담아요.
3. 달걀노른자에 설탕 7스푼(55g)을 넣고 뽀얗게 2배 정도로 부풀어 오를 때까지 휘저어요.
4. 휘핑한 노른자에 실온에 둔 우유와 식용유를 넣고 충분히 섞어요.
5. 여기에 ①의 가루류를 한 번 더 체에 쳐서 넣은 뒤 잘 섞어주세요.
6. 달걀흰자에 남은 설탕을 3번에 걸쳐 넣으며 단단하게 휘핑해요. 휘핑기로 달걀 흰자 머랭을 찍어 올렸을 때 끝부분이 뾰족한 형상을 이루면 제대로 휘핑된 거예요.
7. 머랭을 ⑤의 혼합물에 3번 정도 나눠가며 넣어요. 이때 거품기로 고루 저어 걸쭉한 반죽을 만들어요.
8. 케이크 틀에 식용유를 살짝 뿌린 뒤 유산지를 반듯하게 깔고 그 안에 반죽을 부어요.
9. 케이크 틀을 손바닥으로 탕탕 쳐가며 반죽 표면을 평평하게 만든 뒤 170℃로 예열된 오븐에 넣고 40분 안팎으로 구워요. 이때 가운데를 꽂이 혹은 젓가락으로 찍었을 때 반죽이 묻어나오지 않으면 제대로 잘 구워진 거예요. 오븐에서 꺼내자마자 바닥을 한 번 내리쳐서 바로 꺼내 식혀요.

Cooking TIP
집에서 손쉽게 데코한다, 딸기생크림케이크

먼저 생크림 3과3/4컵(750ml)에 설탕 1/2컵(80g)을 넣고 너무 빡빡한 질감이 나오지 않을 만큼만 휘핑해서 샹티크림을 만들어요. 생크림을 너무 오래 휘핑할 경우 크림 입자가 거칠어져 자칫 케이크의 표면이 매끄럽게 정리되지 않을 수도 있으니 주의하셔야 해요. 식힌 제누아즈를 반으로 가른 뒤 돌림판 위에 1장의 제누아즈를 놓아요. 그 제누아즈 위에 딸기잼 2~3스푼이나 시럽을 펴 바르고, 샹티크림을 넉넉하게 펴 바른 뒤 잘게 다진 딸기를 깔아주세요. 나머지 1개의 제누아즈의 한쪽 면에도 딸기잼이나 시럽을 바른 뒤 다진 딸기를 마주보게 해 그 위를 덮어요. 케이크 위와 옆에 샹티크림을 고루 펴 바르고 스패튤라를 이용해 돌림판을 돌려가며 세심하게 가장자리를 정리해요. 샹티크림을 덮은 하얀 케이크 위에 각자 올리고 싶은 과일을 데코한 뒤 슈거파우더를 살짝 뿌려 완성해요.

이국적인 식재료는 이곳에서 구입하세요

보너스 정보

여러분 식탁의 맛과 멋을 업그레이드하고 싶은데 이국적인 식재료를 구하기가 무척 난감하시다고요? 생각보다 가까운 곳에서 생각보다 저렴한 가격으로 색다른 식재료를 구입할 수 있는, 우리 주변 가까운 곳에 숨어 있는 이색적인 가게와 온라인 쇼핑몰들을 여러분께 살짝 귀띔해드릴게요. 이 맛깔 나는 재료들로 고급 레스토랑 부럽지 않은 맛을 집에서 저렴하게 즐기세요.

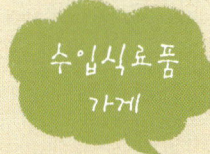

수입식료품 가게

일성상회
'도깨비시장'으로 알려진 서울 남대문 수입상가 D동 지하(228호)에 위치해 있어요. 다양한 향신료, 멕시코 요리 식재료 등 각종 서양요리 재료와 다양한 치즈를 한 번에 구입할 수 있어요.
문의 02-755-7568 **홈페이지** www.tues.co.kr

신창상회
중국 식료품점이 밀집한 서울 북창동 골목 안에 있어요. 우리 입맛에 제법 친숙한 냉동 딤섬, 꽃빵, 말린 해산물 등에서부터 여러 종류의 중국 식재료, 소스, 통조림 식품과 중국 요리에 필요한 다양한 조리기구들을 판매해요.
문의 02-752-2212

한남슈퍼마켓
서울 용산구 한남동에 위치한 한남슈퍼마켓에서는 여러 종류의 구하기 힘든 향신료, 치즈, 파스타, 소스, 허브 등 동서양을 아우르는 다양한 나라의 식료품들을 만나실 수 있어요. 생허브류를 구입하실 땐 가시기 전에 미리 전화나 홈페이지로 꼭 확인하세요. **문의** 02-702-3313 **홈페이지** www.hannammarket.co.kr

댄디스 그로서리
한남슈퍼마켓과 같은 층에 있으며 다양한 종류의 파스타, 파스타소스, 치즈, 큰 용량의 마스카포네치즈나 적은 양의 사워크림을 구입하실 수 있어요. **문의** 02-796-2390

한스앤그레텔
한남슈퍼마켓, 댄디스 그로서리와 같은 상가 안에 위치한 한스앤그레텔은 여러 종류의 수제 햄과 치즈들을 구입할 수 있어 좋아요. **문의** 02-749-0120

하든하우스
서울 성동구 옥수동에 위치한 이곳은 육류, 채소, 허브, 향신료, 치즈 등 1만 8천여 종류의 외국식료품들을 취급하고 있어요. 특히 신선한 허브류는 없을 때도 있으니 방문하기 전에 전화로 확인을 하시는 게 좋아요.
문의 02-794-0511

모노마트
매장 규모는 크지 않지만 일본에서 직수입한 여러 종류의 소스, 냉동식품, 반찬류, 스낵, 면류 등을 판매해요. 서울 동부이촌동, 잠실, 반포와 경기도 분당 등 여러 곳에 매장을 가지고 있으며 인터넷으로도 주문이 가능해요.
홈페이지 www.monolink.co.kr

텐투텐
'프랑스 마을' 이라 불리는 서울 방배동 서래마을에 위치한 수입식품점으로 여러 종류의 치즈는 물론 절임식품, 파스타, 반조리식품 등 이국적인 식재료를 다양하게 구입하실 수 있어요. 또한 여러 종류의 와인, 홍차, 커피도 판매되고 있어요. **문의** 02-3477-0303

온라인 쇼핑몰

이딸꼬레
이딸꼬레는 유럽에서 직수입한 다양한 수제 햄과 소시지, 치즈, 양념 등 시중에서 구하기 힘든 이국적인 유럽풍 식재료들을 구입하실 수 있어요. **문의** 02-3272-7677 **홈페이지** www.italcore.com

오트
이탈리아 및 일본, 중국, 동남아 요리 재료는 물론 베이킹 재료와 도구, 포장재료, 주방 소도구까지 아주 다양한 식재료와 물품들을 만나실 수 있어요.
문의 031-975-0730 **홈페이지** www.otth.co.kr

얌
동서양을 아우르는 각종 소스, 드레싱, 파스타, 향신료와 함께 일본, 중국, 동남아 요리재료는 물론 베이킹 재료까지 구비되어 있는 종합 인터넷 푸드몰이에요.
문의 031-819-3803 **홈페이지** www.yum.co.kr

베트남마트넷
다양한 종류의 베트남&동남아 식재료와 양념들을 판매하고 있어요. 한 가지 아쉬운 점이 있다면 모든 물품이 베트남 발음으로 표기되어 있어 구입하시기 전에 필요한 재료들의 이름을 명확히 확인하셔야 한다는 거예요.
문의 016-650-4738 **홈페이지** www.vnmart.net

골드리버
태국, 필리핀, 인도네시아 등의 동남아 국가, 중동, 인도와 중국의 식재료를 전문적으로 취급하는 곳이랍니다.
문의 031-493-9544 **홈페이지** www.goldriver.cn

제과제빵 재료를 구입할 수 있는 가게&온라인쇼핑몰

방산시장
서울시 을지로 4가에 위치한 이곳은 도매시장으로 베이킹 재료 및 도구를 취급하는 상점들이 많이 몰려 있어요. 소형 과자 틀, 케이크 틀, 저울, 계량컵 등 베이킹에 관련된 도구들이 아주 다양하게 구비되어 있답니다. 가정에서 주로 사용하는 것은 2층에서 구입할 수 있어요. **문의** 02-2266-8765

이지베이킹닷컴
'브레드가든'으로 더 유명한 이곳에서 건과류, 견과류 등 여러 베이킹 재료 및 홈베이킹용 도구를 구입할 수 있어요. 예쁜 포장재료, 수플레 컵이나 젤리 컵 등 소품들도 저렴하게 구입할 수 있어요. 오프라인 매장도 여러 곳 있으니 홈페이지에서 확인한 뒤에 방문하세요. **문의** 1644-0935 **홈페이지** www.ezbaking.com

호시노앤쿠키스 & 스위트 팟
호시노앤쿠키스와 스위트 팟에서는 베이킹 재료가 아닌 베이킹도구, 스티커, 포장비닐, 리본 등 아기자기한 일본 데커레이션 소품들을 만나보실 수 있어요. 여러분의 베이킹 솜씨를 누군가에게 선물하고플 때 이용하시면 반가운 곳이랍니다.
- **호시노앤쿠키스 문의** 031-266-8895 **홈페이지** www.hosino.co.kr
- **스위트 팟 문의** 051-611-4868 **홈페이지** www.sweetpot.net

쿠키베베
쿠키베베는 홈베이킹을 시작하시는 분들께 유용한 사이트예요. 초보자들이 쉽게 따라 할 수 있는 다양한 레시피가 제공되며, 각각의 레시피와 관련된 아이템들이 링크되어 있어 베이킹 초보자들께서는 어렵지 않게 쇼핑을 할 수 있어요. **문의** 031-356-4832 **홈페이지** www.cookiebebe.com

올베이킹
이곳은 쿠키베베에 비해 어느 정도 베이킹 내공이 축적된 분들께 유용한 쇼핑몰이에요. 베이킹 도구, 재료, 포장 등 여러 가지 베이킹에 필요한 품목들을 판매하고 있어요.
문의 031-223-5104 **홈페이지** www.allbaking.co.kr

ㄱ

가다랑어포 225
가지구이 194
갈랑갈 153
갈비찜 164
감자 케이크 024
게살 스파게티 078
계량법 008
계피가루 223
고등어조림 김치쌈 202
고마곤부 141
고추장드레싱 만들기 239
구수한 국물 내기 234
굴국밥 186
굴소스 225
그린치킨커리 152
기본 쌈장 만들기 233
김절임 192
김치라자냐 064
김치버거 150
껍질콩무침 075
꽃약과 112

ㄴ

냉녹차국수 180
넛메그 222
녹두전 188
녹차 제대로 우리기 103
녹차국수 샐러드 142
녹차아이스크림 120
녹차젤리 102
녹차튀김디핑소스 만들기 233
니뽄풍 코울슬로드레싱 만들기 239

니스식 샐러드 063

ㄷ

다시마&가다랑어국물 내기 234
다시마국물 내기 234
단팥죽 184
단호박죽 170
달걀 데치기 231
달걀지단 슬림하게 부치기 231
닭떡볶이 132
닭장조림 200
데리야끼 연어조림 074
데리야끼 치킨 128
돈가스 148
두반장 225
두부&토마토 샐러드 143
들깨닭개장 212
딸기&단팥&녹차 롤케이크 107

ㄹ

라면강정 108
라이스버거 129
라조기 045
라즈베리 롤케이크 104
레몬그라스 223
로제&라즈베리 칵테일 028
로즈마리 222
로즈마리허브티 099

ㅁ

마늘&고추양념장 만들기 233

마른오징어무침 201
마스카포네치즈 097
마요네즈 만들기 236
마파두부 159
만둣국 214
맛차가루 103
매실우동 182
멸치&다시마국물 내기 234
멸치고추장조림 193
멸치국물 내기 234
무청지짐 199
물냉이 139
미니 피자 030
미소 샐러드 168
민트 222

ㅂ

바닐라 222
바삭바삭 빵가루 만들기 231
바삭한 튀김반죽 만들기 231
바질 222
발사믹&마늘드레싱 만들기 239
발사믹식초 225
발칙표 쿠킹 노하우 221
배숙 161
버터 스테이크 042
베리베리 티라미수케이크 096
베이글 칩스 029
베이킹소다 227
베이킹파우더 227
병어무조림 196
북경오리구이 036
불고기&감자조림 206

블랙빈 226
뽁작된장 218

ㅅ

사골국물 내기 235
사골꼬리곰탕 216
사골떡국 217
사과&치즈 토스트 028
사과비빔양념장 만들기 233
사과소스 만들기 237
사프란 223
산라탕 210
샨디 080
새우 손질하기 232
새우 차우더수프 014
새우&조개국물 내기 235
새우미소국 208
새우양상추쌈 050
새우오븐구이 062
새우죽 022
샐러드 드레싱 만들기 238
생강&간장드레싱 만들기 238
생크림 스콘 122
생크림&요거트 케이크 114
소시지&매시포테이토 070
쇠고기무국 220
수제비 다대기 만들기 233
수플리 134
슈거파우더 105
스낵전 130
스리라차 칠리소스 227
스위트 칠리소스 227
스톡 225

시금치 샐러드 023
시원하게 무 갈기 232
시저드레싱 만들기 238
시판 양념소스들 225
쑥찹쌀떡 110
쑥해물 피자 174

 ㅇ

아귀찜 086
아이올리소스 만들기 237
안초비 226
애플타르트 117
양겨자 226
양념장 만들기 233
양파드레싱 만들기 239
에그 베네딕트 016
옐로우빈 226
오레가노 223
오리엔탈 드레싱 만들기 239
오리엔탈 샐러드 176
오리엔탈 연근 샐러드 181
오리엔탈 참깨소스 만들기 237
오삼찜 090
오키나완 삼겹살 156
오트밀 095
오트밀 스무디 027
오트밀쿠키 094
옥수수가루 226
올리브오일 226
와인 226
와인삼겹살 089
와인식초 225
완차이 홍합볶음 060
요리소스 만들기 236
우스터소스 226

월계수잎 222
이국적인 식재료 구입처 243
이스트 227
이탈리안 토마토&바질 주스 029
일본간장 227
일본식 달걀찜 172
일본식 코울슬로 139
잉글리시 밀크티 125

ㅈ

자장떡볶이 136
제누아즈 만들기 242
젤라틴 097
조개국물 내기 235
조리도구들 228
주꾸미볶음 084
주먹밥구이 140
중국식 오이김치 198
중화풍 해물라면탕 146
집청 113

ㅊ

차슈가루 227
차슈덮밥 072
차이니스 비프스낵 038
차이브 223
참깨소스 227
참치쌈장 만들기 233
채소돌솥밥 162
초간장 디핑소스 만들기 233
초리조소시지 055
추로스 100
치라시스시 177
치킨 사테 018
치킨&초리조소시지밥 081

친절한 쿠킹 팁들 231
칠리가루 068, 223
칠리새우 052
칠리오일 226
칠리 플레이크 223
칠미(시치미) 226

ㅋ

카르보나라 스파게티 076
카엔페퍼 223
캔토마토 227
코리엔더 224
코티지파이 057
콜라닭 138
쿠르통 만들기 232
퀘사디아 026
큐민 224
크랜베리 쇼트브레드 124
클래식 비네그레트 만들기 239
키예프 040
키위&사과 스쿼시 031

ㅌ

타르타르소스 만들기 236
타마린드소스 227
타바스코소스 227
타임 224
탄력 만빵 스파게티 삶기 232
탕평채 166
태국고추 224
태국식 칠리드레싱 만들기 238
토마토 껍질 매끄럽게 벗기기 232
토마토&베이컨 피자 144
토마토소스 만들기 236
토마토퓌레 227

톳나물&채소조림 204
통후추 224
튀김디핑소스 만들기 233

 ㅍ

파국 209
파스타면 만들기 241
파스타소스 227
파슬리 224
파엘라 054
파프리카&피망 껍질 매끄럽게 벗기기 232
팟타이 067
페스토 만들기 237
페스토드레싱 만들기 239
피시&칩스 048
피시소스 227
피자도우 만들기 240

ㅎ

핫윙 032
해선장 225
햄&치즈&버섯 크레페 020
허니머스터드드레싱 만들기 238
허브&향신료 이야기 222
호박잎 보리쌈밥 219
혼다시 227
홀랜다이즈소스 만들기 236

247

싸이월드 페이퍼! 100만이 찾은 소문난 레시피
맛을 아는 여우들의 주말요리

초판 1쇄 2008년 2월 4일
초판 2쇄 2008년 2월 29일

지은이 낭만식객(권민경)

발행인 김종수 | **총편집인** 이성구

편집장 김미현 | **책임편집** 황재희 | **진행** 책밥 | **교정·교열** 책밥
디자인 Design Group All | **인쇄** 동양인쇄주식회사

펴낸 곳 중앙북스(주) | **주소** 서울시 중구 순화동 2-6번지 우편번호 100-732
내용문의 02-2000-6207 | **구입문의** 1588-0950 | **팩스** 02-2000-6174
홈페이지 www.joongangbooks.co.kr

등록 2007년 2월 13일 제2-4561호
ISBN 978-89-6188-254-5 23590
값 11,000원

이 책은 중앙북스(주)가 저작권자와의 계약에 따라 발행한 것이므로
이 책의 내용을 이용하시려면 반드시 저자와 본사의 서면 동의를 받아야 합니다.
※잘못된 책은 구입처에서 바꾸어 드립니다.

이 책 한 권이면 더 이상 반찬 요리책은 필요 없다
밑반찬부터 별미 반찬에 이르기까지 누구나 좋아하고 만들고 싶은 반찬 153가지

강남의 인기요리연구가 최신애의 살아있는 노하우가 담겨있는 레시피는 과정이 어렵거나 복잡하지 않고 따라하면 누구나 맛있는 것이 특징이다.

땡큐 매일반찬
최신애 지음 | 256쪽 | 값 11,000원

소아과 전문의 고시환과 스타 요리 블로거 신송하가 만났다

병원에서는 들려주지 않는 요리비법, 요리책에서는 찾아볼 수 없는 건강 비결이 들어있는 최고의 이유식백과. 소아과 전문의 고시환이 제안하고 스타 요리 블로거 신송하가 만든 빠르고 쉬운 건강 이유식 레시피가 170여개 담겨있다.

초보 엄마 이유식 달인 되기
고시환, 신송하 지음 | 260쪽 | 값 13,000원

데톡스 · 다이어트 · 변비예방 확실한 디츠의 건강법

저자는 깐깐한 일본인들이 건강 다이어트식으로 선택한 디츠를 좀 더 맛있게 먹을 수 있는 방법이 없을까 고민한 결과 우리 식단에 맞는 다양한 디츠 레시피를 만들었다. 데톡스, 다이어트, 변비 예방 등에 탁월한 디츠를 이용한 반찬, 일품요리, 아이 간식 등을 소개한다.

식이섬유밥상
채경희 지음 | 128쪽 | 값 8,800원

실용적인 정보만 담은 실속 와인 가이드

와인의 기초상식에 대해 가장 친절하고 일목요연하게 설명하고 와인 초보자를 위해 와인의 모든 것을 담은 와인 잡학사전이다. 와인을 싸게 구매하는 방법은 물론 391가지 각각의 와인에 어울리는 음식 소개와 함께 와인 선택에 참고할 수 있도록 최신 빈티지차트를 담았다.

와인 가이드
김준철 지음 | 488쪽 | 값 18,000원

누구나 10년은 젊게 살 수 있다!
전 세계 3,000만 권이 팔린 에어로빅 창시자 쿠퍼 박사의 맞춤식 건강법

에어로빅 창시자 쿠퍼 박사의 맞춤식 건강법을 소개한 것으로 스트레스를 극복하는 방법은 물론 누구나 스스로 젊음을 유지하고, 되찾을 수 있는 방법을 제안하고 있다. 이 책을 읽는 순간, 더 이상 숫자나이에 연연하지 않는 당신의 놀라운 변화를 경험하게 될 것이다.

내 몸 나이는 몇 살일까?

케네스H. 쿠퍼 지음 | 채인택 옮김 | 374쪽 | 값 13,000원

인생을 낭비하지 않는 시테크 전략
오늘 낭비한 30분이 인생의 30년을 결정한다.

시간 관리의 목적은 인생이 행복해지기 위한 것이다. 무의미하게 시간을 보내지 않기 위해 계획하고 행동하면 성취감이 올라 인생이 행복해 질 수 있다.

30분을 잡아라

사사키 가오리 지음 | 박정임 옮김 | 256쪽 | 값 10,000원

심플이 스타일이다!
한 가지 기법으로 누구나 쉽게 뜨는 스타일리시 손뜨개 34

복잡하고 어려운 기법만이 예쁜 손뜨개를 완성할 수 있다는 편견을 버려라. 한 가지 기법만 알아도 충분히 스타일리시한 손뜨개 작품을 만들 수 있고, 심플하기 때문에 더 스타일리시하다는 것을 보여주는 김정란의 초보자를 위한 손뜨개 책.

김정란 심플 손뜨개

김정란 지음 | 156쪽 | 값 10,000원

윤은혜, 소유진, 김소연이 추천한 골반을 바로잡아 S라인 만드는 비법
신정애 한의사의 다리가 날씬해지는 골반 다이어트 전략

연예인들의 몸매를 아름답게 만들어 준 신정애 한의사의 다이어트 노하우를 담았다. 하체 비만의 원인과 하체 비만유형에 따른 치료법, 골반 교정법, 날씬한 하체를 만드는 교정 체조, 생활 요법 등을 소개한다.

굿바이 하체비만

신정애 지음 | 216쪽 | 값 12,500원